COMO DEFENDER SUA CAUSA

LEANDRO MACHADO

COMO DEFENDER SUA CAUSA

Diretor-presidente:
Jorge Yunes

Gerente editorial:
Luiza Del Monaco

Editor:
Ricardo Lelis

Assistente editorial:
Júlia Tourinho

Suporte editorial:
Juliana Bojczuk

Estagiária:
Emily Macedo

Coordenadora de arte:
Juliana Ida

Assistente de arte:
Vitor Castrillo

Gerente de marketing:
Carolina Della Nina

Analistas de marketing:
Heila Lima e Flávio Lima

© 2021 by Leandro Machado
© Companhia Editora Nacional, 2021

Todos os direitos reservados. Nenhuma parte desta obra pode ser reproduzida ou transmitida por qualquer forma ou meio eletrônico, inclusive fotocópia, gravação ou sistema de armazenagem e recuperação de informação sem o prévio e expresso consentimento da editora.

1ª edição – São Paulo

Preparação de texto:
Augusto Iriarte

Revisão:
Laila Guilherme e João Rodrigues

Capa:
Bloco Gráfico

Diagramação:
Balão Editorial

DADOS INTERNACIONAIS DE CATALOGAÇÃO
NA PUBLICAÇÃO (CIP) DE ACORDO COM ISBD

M149c
Machado, Leandro

    Como defender sua causa / Leandro Machado. - São Paulo, SP : Editora Nacional, 2021.
    168 p. ; 14cm x 21cm.

    ISBN: 978-65-5881-035-3

    1. Literatura brasileira. I. Título.

2021-2614

CDD 869.8992
CDU 821.134.3(81)

Elaborado por Vagner Rodolfo da Silva - CRB-8/9410

Índice para catálogo sistemático:
1. Literatura brasileira 869.8992
2. Literatura brasileira 821.134.3(81)

NACIONAL

Rua Gomes de Carvalho, 1306 - 4º andar - Vila Olímpia
São Paulo - SP - 04547-005 - Brasil - Tel.: (11) 2799-7799
editoranacional.com.br - atendimento@grupoibep.com.br

Aos meus pais, avós e irmãs.

Ao Gil.

SUMÁRIO

Prefácio, por Patricia Ellen da Silva	11
Introdução	17
1. Encontre a sua causa	29
2. O que é advocacy, afinal?	37
3. Delimite o problema	47
4. Defina os objetivos	61
5. Mapeie os tomadores de decisão	75
6. Mapeie os opositores	93
7. Avalie quais são as suas armas	105
8. Defina os parceiros certos	113
9. Defina as metas intermediárias	123
10. Crie uma mensagem engajadora	135
11. Defina o que é sucesso. E monitore	147
Isso é só o começo	155
Referências	157
Agradecimentos	165

As leis conservam seu prestígio não por serem justas,
mas porque são leis.
Michel de Montaigne, *Os ensaios*

PREFÁCIO

Nossas causas nascem e se fortalecem à medida que nos conectamos com nosso propósito de vida. Minhas causas nascem e se fortalecem na conexão com o que sou e o que vivi. Meu propósito, e o que me move, pode ser sintetizado em uma palavra ou, na verdade, um número. O número 20. Vivo hoje a 20 quilômetros do bairro onde nasci – 20 quilômetros é a distância que separa Alto de Pinheiros, e outros bairros nobres da Zona Oeste de São Paulo, da Vila das Belezas, no Campo Limpo, e outros bairros da periferia da Zona Sul da cidade. As estatísticas demonstram que essa distância equivale a cerca de vinte anos de diferença na expectativa de vida das pessoas que habitam cada uma das duas regiões. O número é um retrato prático – e trágico – de um país que costuma selar o destino de milhões de pessoas conforme o CEP de nascimento, a cor da pele ou a renda da família.

A região onde nasci é uma das mais desiguais de São Paulo; quem nasce nela tem menos direitos e enfrenta índices de mortalidade comparáveis a nações em guerra. A infância humilde no Campo Limpo, no entanto, não selou meu destino negativamente. Graças à educação, aos valores de minha família e ao esforço inesgotável do meu pai, Messias, e da minha mãe, Valda, tive acesso a oportunidades que muitas crianças e jovens da Vila das Belezas e de tantos lugares pobres do Brasil jamais tiveram. Mais velha de quatro irmãs, me dediquei desde cedo aos estudos, inicialmente em escola pública, depois em colégio particular (pago com suor pelos meus pais). E foi assim que me formei em Administração de Empresas na Universidade de São Paulo (USP), fiz MBA no Insead Business School e mestrado em Administração Pública na Harvard Kennedy School.

Precisei começar a trabalhar também muito cedo – aos 15 anos de idade, como estoquista em uma loja – antes de virar sócia da consultoria McKinsey & Company, e presidente da Optum do Brasil, empresa de tecnologia em saúde do grupo UnitedHealth. Fui membro do Conselho de Desenvolvimento Econômico e Social da Presidência da República, um órgão consultivo do governo federal, e ministrei aulas de Liderança e Inovação Digital no mestrado em Liderança e Gestão do Centro de Liderança Política (CLP).

Essa experiência, pessoal e profissional, me fez aceitar e assumir o posto de secretária de Desenvolvimento Econômico, Ciência e Tecnologia do Estado de São Paulo. Chegar até a secretaria, no início de 2019, foi uma realização que me permitiu me reconectar de maneira muito profunda com meu propósito, tanto no plano individual como no coletivo. Fui a segunda mulher a ocupar o cargo em mais de vinte anos e a primeira a liderar a pasta por mais de um ano.

Trabalhar na gestão pública foi uma forma de me aproximar cada vez mais da minha família: foi o elo que enxerguei entre meu propósito de vida e minhas causas, entre o campo pessoal e a dimensão coletiva, social. Sem vínculo partidário nem preocupação com o próximo mandato, pude vivenciar a mais profunda conexão com meu propósito. Nestes três anos de gestão, os desafios vividos pela minha família e minhas origens serviram como um lembrete diário de que a verdadeira gestão pública não lida com números ou votos,

mas com seres humanos, cujas vidas podem ser transforma-
das por boas políticas, concebidas e executadas em nome de
um modelo econômico inclusivo, inovador e sustentável.
E aqui reforço a ligação direta e imediata entre causa e
propósito. Nos reconectamos com nossos propósitos através
das causas certas e adequadas ao nosso momento. Do mesmo
modo como foi fundamental para mim me reconectar com
meu propósito, a sociedade está precisando de união e acolhimento, resgatando seus pilares mais essenciais. Isso vale
para instituições públicas e privadas, para organizações da
sociedade civil e para empresas, para governos e para produtos e serviços. A causa é um modo de traduzir de maneira
profunda questões práticas de nossas vidas. É a forma de
conectar lideranças políticas ou empresariais a cidadãos ou
consumidores.

Daí este livro de Leandro Machado ser tão importante
para o nosso tempo. *Como defender sua causa* nos oferece
uma metodologia eficaz para que possamos atuar e influenciar, individual e coletivamente, em nome de nossas causas
e propósitos.

Conheci Leandro durante o Fórum Econômico Mundial
para a América Latina, na cidade de Medellín, na Colômbia.
Era junho de 2016, e o Brasil enfrentava o segundo impeachment em pouco mais de duas décadas de redemocratização.
Foi naquele ambiente de angústias, frustrações, descrédito
e indignação com os ventos que moviam a política brasileira
que nos aproximamos pela primeira vez – ele, eu e Ilona Szabó.
Até aquela viagem, mal nos conhecíamos, mas descobrimos
muitas coisas em comum: características, propósitos e causas
em que acreditávamos.

Éramos três jovens, todos com reconhecimento do Fórum Econômico Mundial como Young Global Leader porém
com trajetórias distintas. Mas, além de um espírito público

aguçado, tínhamos também inquietações semelhantes: nos víamos tomados por sentimentos como tristeza, preocupação e até mesmo vergonha pela ausência de lideranças brasileiras que nos representassem e nos inspirassem nos espaços de influência e decisão dentro e fora do Brasil.

E assim, com esses sentimentos, demos uma pausa nos debates para, sentados à mesa, rabiscarmos num guardanapo de papel alguns nomes que nos inspiravam. Listamos líderes que, na nossa visão, seriam capazes de contribuir na consolidação de uma agenda sólida para o país, ajudar a formar outras lideranças cívicas e políticas e, por fim, nos reconectar com o mundo. A conciliação de descontentamentos e causas nos uniu de imediato.

Nasceram ali as bases da criação do Agora!, movimento de renovação da política que unia jovens como nós, pontes entre gerações, pessoas inquietas e tecnicamente preparadas, dispostas a dedicar tempo e energia para ocupar espaços, livres de amarras partidárias e ideológicas. Nossas metas: juntar a geração e nos aproximar da política, inspirar e engajar cidadãos na construção de um novo Brasil e superar a crescente polarização que já vinha causando tanto mal ao país.

Trabalhar por um Brasil mais humano, mais simples e mais sustentável, e com lideranças mais preparadas aos desafios do século XXI, ainda é uma causa comum a mim e ao Leandro. Isso não significa dizer que não temos outras – em absoluto. Ao longo dos anos, cada um de nós se deparou e se depara com diferentes causas, conexões, desafios e esperanças. Causa tem a ver com motivação, esperança ou indignação. Causa tem a ver com conexão com nosso propósito.

Eu me conecto a este livro pela certeza de que ele pode servir de acolhimento, esperança, mobilização e engajamento em causas essenciais, especialmente num momento de tanta dor e sofrimento. E ele o faz por meio de planejamento e estratégias muito bem explicados, acompanhado de inúmeros exemplos práticos e inspiradores para ajudar você a desenvolver suas ações em defesa de causas que impactem a sociedade.

Insisto aqui no que acredito: um olhar firme para a inclusão social e a redução das desigualdades, a defesa implacável da democracia e da sustentabilidade socioeconômica e ambiental, a crença no poder da educação, da tecnologia e da inovação como marcos de um desenvolvimento sólido e de longo prazo, e a ênfase na liderança feminina como uma forma de trabalhar por uma sociedade mais justa e mais humana, sem perder de vista o cuidado com a espiritualidade e a saúde mental e emocional.

Esse conjunto de (boas) causas nos levará a uma nova humanidade – desde que trabalhemos com estratégia, informação, análise, dedicação e persistência, fatores determinantes para o sucesso de uma causa, lições deixadas por este rico manual que você tem em mãos.

Patricia Ellen da Silva

INTRODUÇÃO

De Tancredo Neves, só me lembro mesmo do tamanho. Eu tinha 7 anos de idade e, sentado nas pernas dele, reparei que seus olhos se encontravam quase à mesma altura que os meus. Minha cabeça de criança guardou apenas esta impressão: como é baixinho o novo presidente da República. E apagou por completo as poucas palavras que ele me disse naquele encontro na casa do meu vizinho, o Seu Valdon Varjão, em um janeiro quente de 1985. Tancredo havia passado pela minha cidade natal, Barra do Garças, em Mato Grosso, para receber a condecoração de Cidadão Barra-Garcense prometida por Seu Valdon. Prefeito da cidade e ex-senador pela Arena, o avô dos meus colegas – era assim que eu o via – fora correligionário de Tancredo no Partido Popular, incorporado ao PMDB em 1982, dois anos após ser criado, e o apoiara em sua candidatura à Presidência, na primeira eleição indireta pós-ditadura militar. Um mês depois do encontro em Barra do Garças, às vésperas da posse, Tancredo teve dores abdominais e precisou ser internado às pressas. O quadro apontava inflamação intestinal. Em 21 de abril, uma notícia me levou aos prantos: o presidente baixinho estava morto. Pela TV, vi a população comovida saindo às ruas para se despedir dele. E aquela multidão toda, aquela movimentação social, me tocou profundamente.

COMO DEFENDER SUA CAUSA

Vivi e me encantei com a relação entre política e sociedade. Na verdade, bem antes – antes mesmo do meu nascimento –, a política alterou os rumos da minha história. Só nasci em Barra do Garças por causa de uma política pública. Na década de 1970, o governo militar lançou o Plano de Integração Nacional, que, entre outras coisas, incentivava pequenos agricultores do Rio Grande do Sul a desbravar as terras do interior do país, principalmente na região Centro-Oeste. Foi o que fizeram os meus avós maternos, que compraram do Estado terras "em promoção" naquela região. Por uma política pública, nasci matucho – apelido dado aos descendentes de gaúchos que, assim como eu, nasceram em Mato Grosso.

Deixei para trás a pequena Barra do Garças aos 16 anos, quando passei no vestibular da Universidade de Brasília. As memórias da infância – com Tancredo e a comoção popular – guiaram inconscientemente minha escolha de curso: Ciência Política. Não por sonhar com um cargo político ou me inspirar especificamente na trajetória política de Tancredo. Naqueles dias de choro pelo quase presidente, sem que eu percebesse, nascia meu interesse pela política como um conceito mais amplo. Não somente pela política partidária, mas pelo poder transformador das ideias, pela força de engajamento das boas causas. Só viria a entender depois que a luta pelo fortalecimento da democracia e pela participação popular foi o que guiou a minha vida dali em diante. Ainda levaria um tempo até amadurecer essa conexão dentro de mim, mas intuitivamente já buscava isso. Assim que saí da faculdade, iniciei a carreira profissional na área de relações governamentais em grandes empresas – trabalhei na Shell e na IBM por cerca de cinco anos, quando essa atividade começava a se profissionalizar. Aprendi a importância de acompanhar as atividades governamentais e o real impacto que elas têm não só nas empresas, mas na sociedade como um todo. Dava os primeiros passos para aprender a traçar estratégias de relacionamento com o governo. Era o começo. No início dos anos 2000, fui contratado pela Natura para construir na empresa a área de relações com o governo. Um tempo depois, já era responsável também por outra área, ligada à comunicação. Foi na aspiração de aumentar cada vez mais a integração entre política e comunicação como forma de engajar diversos públicos que me encontrei no conceito de **advocacy**. Aprendi com meus próprios erros, desenvolvi e aprimorei técnicas sozinho e com a ajuda fundamental de colegas, amigos, chefes e mentores. Naquela época, um dos primeiros desafios foi fazer avançar a agenda política de uso sustentável da biodiversidade na sociedade. Essa era a causa da Natura, mas não só dela; era preciso envolver a sociedade toda, para além do governo. Uma causa tão ampla como o uso da biodiversidade e seus impactos não se resolveria apenas com um diálogo entre empresa e governo, como acontece em casos de lobby. Havia a necessidade de unir uma série de organizações e pessoas interessadas na questão. Para isso, eram necessárias técnicas de comunicação, relacionamento e pressão. Tudo ao mesmo tempo. Foi essa a minha primeira experiência profissional com advocacy. Nossa estratégia tinha dois grandes objetivos: negociar com o executivo federal, deputados federais e senadores a criação de um novo marco legal na área; e inserir outros grupos da sociedade brasileira na discussão, conscientizando-os sobre a importância da biodiversidade para o desenvolvimento do Brasil e convocando-os a se engajar nos esforços de pressão. Um desafio e tanto. E estávamos cientes de que, como toda estratégia de advocacy, os resultados finais só viriam no longo prazo. Somente após dez anos de trabalho, a nova Lei de Acesso à Biodiversidade viria a ser sancionada.

Nessa época, eu já estava cansado da vida corporativa. Embora trabalhasse em uma instituição que admirava e me proporcionava espaço para crescimento pessoal, sentia que era limitado demais me dedicar às questões de uma única empresa. Queria pensar, discutir e falar sobre o Brasil, sobre os problemas que eu via e sentia como cientista político e como brasileiro – mas, quando você é executivo de uma empresa, raramente pode fazer isso. Justamente nesse período, dois eventos distintos me marcaram profundamente e fizeram com que eu redirecionasse minha vida a partir dali: minha participação nas eleições de 2010 e um encontro fortuito em Buenos Aires.

No final de 2009, pintava no radar a possibilidade da candidatura da ex-ministra do Meio Ambiente Marina Silva à Presidência da República. Marina me empolgava, entre outros motivos, por compartilhar a mesma visão e causas ligadas ao desenvolvimento sustentável. Quis o destino que um dos meus chefes à época, o cofundador e acionista da Natura, Guilherme Leal, topasse o desafio de ser seu candidato a vice-presidente. Guilherme me convidou para trabalhar diretamente com ele na campanha, e, como sempre o admirei muito, aceitei e saí da Natura. A minha expectativa em participar do núcleo estratégico de uma campanha presidencial era altíssima, ainda mais por ser uma candidatura que defendia as causas em que eu acreditava. O que me fascinou não foi a campanha em si, mas a possibilidade de conhecer o Brasil profundo. Isso e a ideia de mobilizar tanta gente em torno da causa do desenvolvimento sustentável, numa campanha em que os principais competidores simplesmente ignoravam o assunto. Essa participação nas eleições me deu a certeza de que eu não queria seguir uma carreira corporativa, embora isso só tenha se concretizado um tempo depois.

A falta de lideranças políticas novas que fossem engajadas e preparadas para uma inédita forma de fazer política foi algo que marcou muito a mim e um grupo de pessoas que participou da campanha de 2010. O mundo já estava vivendo a revolução digital, porém a minha experiência prática mostrava que o ambiente partidário ainda era pré-analógico, contaminado por indivíduos pouco interessados em mudar práticas e costumes nada republicanos. Foi com a ideia de ajudar a melhorar a atração e a formação de bons nomes para a política que eu, Marcos Vinícius de Campos e esse grupo criamos, logo após as eleições e sob a liderança de Guilherme Leal, a Rede de Ação Política pela Sustentabilidade (RAPS), em 2012. Nosso objetivo não era apenas atrair e capacitar bons quadros para todos os partidos, mas também manter acesa a discussão sobre sustentabilidade. A pauta havia tido seu ponto alto na campanha presidencial, mas sabíamos que se perderia se não houvesse um esforço para que essa agenda fosse perenemente discutida entre as lideranças políticas. Era uma causa a ser continuamente nutrida. Até 2021, já havia mais de 750 lideranças políticas ligadas à RAPS, sendo que mais de 200 delas exerciam cargos eletivos.

O outro momento que redirecionou minha vida não foi tão longo quanto o processo eleitoral de 2010, embora tenha sido tão ou mais marcante que ele: aproximadamente nessa época, fiz uma viagem curta de férias para Buenos Aires. Lá, alguns amigos e eu decidimos parar em uma sorveteria no bairro de Santelmo. Quando me preparava para pedir, vi um garoto de uns 8 anos, com roupas velhas e um dinheiro amassado na mão, querendo comprar um sorvete de chocolate. O pai do menino aguardava fora da loja segurando uma carrocinha cheia de papelão. O menino então pediu o sorvete, e o atendente disparou sem piedade: "Não, isso não é para você. Saia daqui!". Eu, apesar de entender perfeitamente o que estava se passando e de saber que aquilo estava muito errado, me calei. E o garoto partiu, cabisbaixo. Não sei o porquê, mas aquela situação me paralisou – não fui capaz de intervir para que o menino fosse tratado com respeito. E esse erro, essa omissão sem tamanho, remoída milhares de vezes, se transformou na resolução de nunca mais me omitir daquela forma, de nunca mais ficar calado diante de uma injustiça. De colocar todas as minhas competências e habilidades a serviço daqueles que, como o menino da sorveteria e tantos brasileiros que conheci durante a campanha, têm sua voz calada, sua vontade legítima desconsiderada, seus direitos mais básicos negados. Resolvi, de forma inconsciente num primeiro momento, que não dava mais para ficar calado ou parado, que eu deveria usar o que havia aprendido até então para lutar pelas causas nas quais acreditava.

Impactado por esses dois momentos significativos e respaldado em minha experiência prática dos anos de relações governamentais e comunicação, decidi criar uma empresa só para ajudar pessoas a defender suas causas e a transformá-las em políticas públicas – a forma de garantir que uma conquista social seja o mais duradoura possível. Não foi coincidência que, em março de 2013, três meses antes das maiores manifestações brasileiras, com mais de 1 milhão de pessoas nas ruas de centenas de cidades, a CAUSE estivesse pronta para sair do papel. Naquele momento tão especial da sociedade brasileira, eu, Rodolfo Guttilla e Mônica Gregori – e logo depois Francine Lemos – abríamos uma empresa para engajar pessoas em torno de suas causas. A visão compartilhada por nós era a de que as causas têm o poder de engajar as pessoas para mudar o mundo. E era um momento em que os brasileiros ansiavam por mudanças. Eu enxergava isso com base principalmente em pesquisas feitas à época – que são, de fato, a essência de todo bom advocacy; afinal, nenhuma causa se inventa ou se constrói do nada: cada uma surge de uma demanda concreta da sociedade, de uma necessidade de grupos sociais que a transformam em tema de debate público e buscam impactar a legislação. E a CAUSE nasceu com a missão de ajudar pessoas e organizações a encontrar uma causa, defendê-la da melhor maneira possível e, assim, impactar positivamente o mundo.

Entretanto, ainda havia algo que me angustiava quando eu pensava no Brasil: nenhum grupo ou partido político brasileiro estava propondo uma visão de futuro para o Brasil que considerasse nossos potenciais e o contexto local e global. Em 2016, quando Michel Temer já presidia o país e vivíamos o segundo impeachment em pouco mais de duas décadas de democracia, essa minha angústia voltou à carga durante o Fórum Econômico Mundial para a América Latina em Medellín, na Colômbia. Apesar de estar ali porque havia recebido, no ano anterior, o reconhecimento do Fórum Econômico Mundial como Jovem Líder Global devido à minha trajetória de contribuição à democracia, eu estava frustrado pela ausência de lideranças brasileiras no evento, pela falta de oxigenação na política nacional e por não enxergar nenhum projeto para o futuro do Brasil. Todos os nossos vizinhos estavam discutindo o futuro da educação, o futuro da Amazônia. E nós, brasileiros, tínhamos que nos contentar com promessas vazias, com planos de governo rasos e com muitas, muitas menções ao passado a cada debate. Ilona Szabó e Patricia Ellen sofriam com a mesma angústia, e, depois de muita conversa, nós três decidimos juntar mais gente com as mesmas preocupações para cofundar o movimento Agora!, com o objetivo de construir uma nova visão para o Brasil e propostas concretas para resolver os problemas reais dos brasileiros. E queríamos fazer isso por meio do engajamento de novas lideranças que estavam distantes da política. Encontramos parceiros e espaços para discutir e apresentar projetos ao país, com base em evidências. A experiência em advocacy ajudou um bocado – mais uma vez, o desafio era agregar pessoas em torno de uma grande causa: o Brasil.

Eu também sabia que de nada adiantaria fomentar novas lideranças e propor uma visão de país se a população não votasse conscientemente. E, bem, não precisa ser cientista político para saber que o brasileiro nunca se lembra de em quem votou para o Congresso Nacional. Era necessário mudar esse cenário, e a tecnologia poderia ajudar. Foi com essa crença que ajudei a criar e lançar, junto a uma série de organizações da sociedade civil, o Tem Meu Voto, uma plataforma para ajudar o cidadão a encontrar os candidatos às eleições legislativas em 2018 que melhor se encaixassem em sua visão de mundo e prioridades. Mais de 1 milhão de pessoas utilizaram a plataforma, que, a partir de sete perguntas, oferecia uma lista de candidatos alinhados às ideias do usuário. O projeto teve a participação voluntária de quase cem pessoas e organizações, como RenovaBR, Agora!, Livres e Acredito, e o apoio fundamental de pessoas como Luciano Huck, Eduardo Mufarej, Igor Senra e várias outras que lutam pela mesma causa: estimular a participação cívica e o voto responsável.

É essa bagagem toda que compartilho com vocês neste livro-manual que, assim como a CAUSE, nasce com a missão de ajudar qualquer pessoa a encontrar e lutar por suas causas, bem como pensar estrategicamente para impactar o poder público em qualquer nível, de uma prefeitura do interior ao Congresso Nacional. Nos próximos capítulos, compartilharei técnicas para que você consiga desenhar a melhor estratégia para defender a causa que quiser e transformá-la em política pública, com exemplos práticos e lições das histórias que vivi ou estudei ao longo de quase 20 anos como especialista em engajamento cívico, causas e advocacy, além de casos bem-sucedidos no Brasil e no exterior. Este livro surge em um momento importante. Enquanto o ativismo é colocado em xeque por lideranças políticas, as tecnologias de informação e comunicação mudam o equilíbrio de poder, chacoalham instituições centenárias e tornam a participação popular onipresente – e volátil. Influenciar mudanças nos rumos da nossa história pode até ter ficado mais complexo, mas não impossível. As tecnologias e os tomadores de decisão mudam, porém as causas continuam com o poder de engajar as pessoas e de mudar o contexto em que vivemos. Dá para agir, brigar pelas causas em que você acredita e transformá-las em lei. A leitura deste livro é só o começo da jornada em busca da transformação da realidade.

Como iniciar a leitura

O que você tem em mãos não é simplesmente um livro. É um manual, com estratégias explicadas em um passo a passo didático, cheio de exemplos práticos e inspiradores, que lhe permitirá desenvolver ações em defesa de causas que impactem as políticas públicas. Antes de entrar no "como fazer", entretanto, precisaremos de dois capítulos para introduzir os dois conceitos centrais da obra: *causa* e *advocacy*.

Imagino que alguns leitores já tenham sua causa muito clara e até já a defendam de alguma forma; para estes, sugiro pular o capítulo 1. Já ao leitor novato, que sonha com um mundo melhor mas não sabe por onde começar a transformá-lo, sugiro que mergulhe no primeiro capítulo, pois nele encontrará histórias fascinantes de pessoas que encontraram suas causas e resolveram agir, além de dicas para fazer uma autoanálise e descobrir aquilo que realmente o move – a sua causa. É o passo inicial.

Depois de ler atentamente o capítulo 1, ou se você já entende bem suas batalhas, passe ao segundo capítulo, em que explico em detalhes o que, afinal, é advocacy – essa palavra inglesa sem tradução para o português que é usada para definir os esforços de comunicação e pressão política em favor de uma causa. A minha experiência de mais de duas décadas na área me faz acreditar que a melhor maneira de defender uma causa de interesse público e transformá-la em lei é o advocacy – e explicarei o porquê ao longo do livro.

O capítulo 3 dá início à apresentação e à explicação das técnicas de advocacy para defender uma causa. A primeira é a delimitação do problema que você quer resolver. À primeira vista, pode parecer uma questão simples, mas essa etapa exige um trabalho longo e minucioso e influencia muito nos passos seguintes. Afinal, você quer resolver a falta de opções de lazer para a juventude apenas em seu bairro ou no Brasil todo?

No quarto capítulo, depois de delimitado o problema que você quer resolver na sociedade, vou ajudá-lo a definir seus objetivos, mas com os pés fincados na realidade, e não em sonhos exagerados e inalcançáveis. Trata-se de um choque de realidade mesmo, para deixar claro que, para impactar o mundo, você não precisa abraçá-lo.

No quinto e no sexto capítulos, explico a importância de mapear e priorizar os personagens fundamentais para sua estratégia: tomadores de decisão, influenciadores e opositores. Não dá para mudar a realidade se você não sabe quem são os atores que decidem o jogo e onde eles estão. Se o seu objetivo é, por exemplo, lutar por mais uma Unidade Básica de Saúde na sua comunidade, não adiantará viajar a Brasília para pressionar o Ministério da Saúde ou deputados federais; nesse caso, é melhor fazer pressão sobre o prefeito e os vereadores da cidade.

No capítulo 7, discorro sobre a etapa da autoanálise. Quais ferramentas e recursos você e seu movimento ou organização têm para alcançar os objetivos? O que lhes falta? O que está ao seu alcance fazer e buscar?

Já no oitavo capítulo, explico, com base nos passos anteriores, como aliados e parceiros podem ajudar a trazer mais conhecimento, recursos e audiência para a sua causa. E também alerto para as desvantagens de parcerias e alianças.

O nono capítulo ensina a traçar metas, a quebrar os grandes objetivos em pedaços menores e criar um plano completo de ação, com a definição de prazos e atividades e a designação dos personagens (políticos, parceiros, população) que devem se envolver em cada etapa.

No capítulo 10, ensino a encontrar a melhor mensagem para a sua causa. Ao contrário do que fazem muitas ONGs, a comunicação só deve ser discutida depois de todas as etapas mencionadas; para pensar na mensagem que você quer passar, é preciso ter muito bem definidos não somente a causa mas os objetivos, assim como saber a quem cabe tomar a decisão no caso e quem é capaz de influenciá-lo.

Por fim, no capítulo 11, você aprenderá a definir o sucesso de cada objetivo e de cada meta. Senão, como poderá avaliar se todo o empenho deu resultado? Como poderá pensar em uma possível mudança nos planos se as coisas não saírem conforme o esperado? Perceba que, até aqui, nada saiu do papel; você traçou um plano de ação muito bem definido e detalhado. É só depois disso, de completadas todas essas etapas, que você parte para o ataque.

Essa forma de, frente a um desafio tão complexo e de longo prazo, dividi-lo em partes menores não é nova. No advocacy, área ainda em formação, não é diferente: organizações como a PATH, a Unesco e a Imaflora sugerem a mesma abordagem, nas quais me inspirei para dividir os capítulos

COMO DEFENDER SUA CAUSA

e facilitar a visão geral das partes fundamentais de uma boa estratégia de advocacy.

Você vai perceber que utilizo frequentemente três casos ao longo do livro: o da aprovação da Lei da Ficha Limpa no Brasil; o da estratégia de combate às desigualdades da Fundação Tide Setubal; e o caso da Atlantic Philanthropies, uma ONG norte-americana que há 15 anos vem implementando uma estratégia de advocacy para banir a pena de morte nos Estados Unidos. Não os escolhi por acaso: acredito que são bem ilustrativos de como, em casos de mudanças tão importantes, o investimento de tempo na construção da estratégia traz bons resultados. Outro motivo é que há dados e informações suficientes e disponíveis para analisá-los, assim como é possível ver claramente cada passo que esses projetos executaram ao longo do tempo.

Cada uma das etapas de planejamento apresentadas aqui deve ser construída com cuidado. Seu esforço, sua dedicação e sua persistência determinarão o sucesso da causa. Não se preocupe, estarei ao seu lado para mostrar como defendê-la da melhor maneira possível e transformá-la em política pública. Boa leitura!

1
ENCONTRE A SUA CAUSA

Nada indignava mais Malala Yousafzai do que a negação do ensino às mulheres paquistanesas. Para escrever ao mundo sobre as dificuldades impostas pelos governos locais, ela criou um blogue em 2008. Ainda que Malala mantivesse o anonimato, não demorou para a imprensa internacional descobrir sobre o blogue e solicitar entrevistas à menina de 11 anos. Meses depois, em 2009, ao pegar o ônibus para voltar da escola, Malala foi baleada. Sobreviveu. Da tragédia nasceu uma nova Malala, a ativista internacional pela educação, que, anos mais tarde, acabaria recebendo o Prêmio Nobel da Paz.

Eu encontrei Tancredo; Malala quase encontrou a morte. Calma. Uso dois exemplos extremos – um nascido em um momento infantil de felicidade e outro, nas agruras da realidade trágica de um país ultrarrepressivo – só para ilustrar diferentes situações de pura descoberta individual (ou de fortalecimento de um sentimento latente). Entretanto, você não precisa passar por um grande evento para entender a causa pela qual é movido – e posso assegurar que todo mundo tem uma. Neste breve capítulo, auxiliarei você nessa descoberta. Se você não precisa dessa etapa, se já faz parte de

COMO DEFENDER SUA CAUSA

alguma ONG ou se sabe bem por qual área social ou cultural é atraído, pode pular para o próximo capítulo. Caso contrário, recomendo a leitura dos parágrafos abaixo.

Desde sua origem mais remota, a palavra "causa" remete a um lugar-comum: causa é a razão por que alguma coisa se torna aquilo que é. Na dinâmica da linguagem, o termo ganhou outros significados. Um deles nos interessa mais: conjunto de ideias ou princípios que alguém se propõe a defender. Não que uma definição tenha excluído a outra. A sua causa também é a razão de você ser o que é – senão você defenderia outros princípios. E outras causas. Seria uma pessoa completamente diferente.

Faz sentido, já que causa vem de dentro, de uma motivação esperançosa ou de uma indignação profunda. E cada bandeira de luta mexe de um jeito diferente com o indivíduo. Há quem se comova ao ver animais abandonados pelas ruas e faça da luta contra o abandono a sua bandeira, cobrando das autoridades leis mais eficientes nesse sentido. Outros se contorcem em fúria a cada nova reportagem sobre as filas em hospitais – ou sobre pessoas que faleceram por falta de atendimento médico – e saem em defesa da saúde pública. Há quem não se conforme em ver um país tão rico, cheio de recursos naturais, de terras férteis para plantio, e ter de lidar com a triste realidade da fome e da miséria. Há uma infinidade de causas a serem defendidas – e vários caminhos para defender cada uma.

Antes de decidir por qual rumo seguir, pense nas discussões que você teve ultimamente. Que ideias ou princípios são tão importantes na sua vida a ponto de você expô-los publicamente? Que situações do dia a dia o incomodam ou o comovem mais? Tudo o que lhe provoca raiva, empatia, revolta tem o potencial de ser uma causa, porém talvez exista aquela que em algum momento fez você se levantar mais bravo do que nunca da cadeira e soltar: "Não dá mais, preciso fazer alguma coisa!".

Foi o caso de David Hertz, curitibano inquieto que saiu de casa aos 18 anos para viver em um *kibutz* (uma forma de comunidade agrícola) em Israel. O que era para ser uma viagem de um ano se transformou em sete anos e vários países. Em lugares como Tailândia, Vietnã e Índia, David nutriu ao mesmo tempo uma paixão pela gastronomia e um incômodo com as desigualdades sociais que presenciava. Após voltar ao Brasil, formou-se como chef de cozinha. Sua carreira estava deslanchando e ele já trabalhava em um recém-inaugurado café em uma das avenidas mais elegantes de São Paulo quando foi convidado a desenhar uma cozinha na favela do Jaguaré, distante apenas alguns quilômetros de onde trabalhava, mas com uma realidade completamente diferente do seu dia a dia. Ao se deparar com a situação miserável do lugar, David entendeu o papel que a gastronomia teria na sua vida dali em diante: o de veículo para transformar aquele tipo de realidade. Nascia assim o Projeto Cozinheiro Cidadão, que ensinava gastronomia a jovens carentes. Em 2006, cerca de um ano depois de ter iniciado esse projeto social, David criou a Gastromotiva, ONG que oferece formação profissional a jovens de comunidades carentes para que se tornem empreendedores, chefs e auxiliares de cozinha. Hoje, quinze anos depois, David Hertz já impactou positivamente a vida de milhares de jovens e é reconhecido nacional e internacionalmente por ter unido de maneira transformadora a sua paixão pela cozinha à sua causa.

Causa é sobre paixões – como a de Malala, a de David, a minha e a de tantos ativistas e personagens inspiradores, movidos pelo desejo por mudanças na educação, na saúde, na distribuição de renda – não importa a área: a causa é aquilo que faz levantar da cadeira, que impede de aceitar algum aspecto negativo da realidade. Quando você identifica o que o move, fica mais fácil buscar organizações e movimentos que defendam a mesma causa para contribuir com eles. Ou mesmo para criar algo específico na defesa do que você acredita.

Adriana Barbosa, como a maioria das meninas pretas das periferias brasileiras, teve de começar a trabalhar muito cedo, aos 15 anos. Depois de trabalhar em algumas rádios e gravadoras, ficou desempregada. Então, já formada em Marketing, decidiu pegar algumas roupas suas e de algumas amigas e foi tentar no comércio de rua uma oportunidade de renda. Montou um brechó e começou a participar de feiras alternativas em São Paulo. E um fato não passava despercebido para Adriana: os expositores, mesmo nessas feiras alternativas, eram, em sua maioria, brancos. Dos poucos negros que ela conhecia, pegava o contato. Depois de sofrer um arrastão em seu estande de vendas e perder todo o estoque, Adriana decidiu unir a sua causa à necessidade de continuar tendo uma renda para se sustentar. O revés provocado pelo arrastão foi a semente que germinou na ideia da Feira Preta, um evento que reuniria a cultura, os produtos e, principalmente, os produtores negros. Ela começou lançando mão de sua lista de contatos e conseguiu 40 expositores para a primeira edição da feira. Quase 20 anos depois, a Feira Preta é o maior evento de cultura negra da América Latina, tendo recebido cerca de 50 mil pessoas na edição de 2019. E Adriana, entre outros tantos prêmios, já foi reconhecida como uma das 51 pessoas negras mais influentes do mundo.

O que une Adriana Barbosa a Aline Torres, além da cor da pele e da origem na periferia, é a causa pela qual lutam, a da igualdade racial. Entretanto, a forma como decidiram lutar é bem diferente. Aline nasceu no bairro de Pirituba, em São Paulo, e também teve de batalhar desde cedo por um espaço no mundo. Ela tinha consciência da própria história: seu avô fora escravizado na Bahia em troca de comida, e a mãe decidira mudar-se ainda jovem para São Paulo para tentar a vida. E foi na mãe que Aline se inspirou para lutar e perseverar. Na juventude, fez cursinho graças a um projeto social. Aos 16 anos frequentava a Educafro, organização que reúne voluntários que lutam pela inclusão de negros e pobres nas universidades brasileiras, e já começava a lutar por sua causa de uma maneira cada vez mais buscada pelos jovens idealistas: era militante política. Na faculdade de Relações Públicas, era apenas uma das três negras em uma sala de mais de 60 alunos. A questão da desigualdade racial continuava a incomodar Aline, que encontrou na política institucional o melhor meio para combatê-la. Depois da militância juvenil decidiu, em 2018, se candidatar a deputada federal e, em 2020, a vereadora na cidade de São Paulo; ainda que não tenha sido eleita, Aline continua a acreditar que as pessoas negras precisam ocupar todos os espaços, principalmente a política.

É possível defender uma causa também no mundo empresarial. Já passou da hora de lideranças empresariais enxergarem que o "propósito da empresa" não pode ser apenas e tão somente vender e ter lucro. As novas gerações de cidadãos-consumidores que chegaram ao mercado são bem mais engajadas, interessadas em viver experiências e em contribuir para um mundo melhor – mesmo que nem sempre saibam o que isso significa exatamente nem como fazê-lo. E boa parte das empresas já percebeu esse movimento, redefiniu seu propósito e agora está se engajando em causas. Para não errar, essas empresas precisam, antes de tudo, entender a razão da própria existência – por que foram criadas. Veja os exemplos das empresas de cosméticos femininos: a maioria passou a valorizar e estimular a beleza real e plural das mulheres. Elas entenderam a demanda e o seu papel no mundo atual – aceitação e promoção das belezas femininas – e agora buscam causas ligadas a essa temática. Entenderam que ou se engajam de verdade, ou perderão espaço. É bom dizer que você pode buscar espaço para defender a causa na qual acredita dentro da empresa em que trabalha. Foi o que fez Rodrigo Santini. Formado em Marketing pela Universidade Federal do Paraná, ele já havia trabalhado em uma empresa multinacional, em agências de publicidade e até mesmo como diretor em uma ONG internacional que combate a exploração de crianças e adolescentes, mas foi como líder da Ben & Jerry's no Brasil que Rodrigo, que se identifica como homem gay, pôde defender melhor a sua causa. Fundada por hippies no final dos anos 1970, nos Estados Unidos, a Ben & Jerry's é uma das primeiras marcas ativistas do mundo: a causa abraçada pela fabricante de sorvetes é a da educação para a diversidade e da criminalização da LGBTQfobia. Nos últimos anos, Rodrigo tem se destacado como uma voz importante no debate público brasileiro sobre questões de gênero, e isso estando dentro de uma empresa multinacional.

Como deu para perceber, há diversas maneiras de defender uma causa: criando uma organização social, convertendo-se em ativista, trabalhando em uma empresa e até mesmo sendo um "ativista de sofá", aquele que assina petições on-line e passa o dia protestando nas redes sociais – embora eu acredite que esta seja a maneira menos eficaz. Pela minha experiência prática criando movimentos, participando e fundando organizações da sociedade civil e até trabalhando em empresas com causa, tenho a convicção de que a forma de defender uma causa que gera o maior impacto é transformar essa causa em lei. Não importa quão grande seja, uma organização social não conseguirá ter o mesmo impacto de uma lei, de um governo. Se queremos provocar mudanças profundas e sistêmicas, devemos buscar alterar as normas que nos regem. Não é algo fácil, e talvez seja por isso que muita gente recusa de imediato a ideia de criar uma estratégia para transformar uma causa em política pública. Entretanto, posso garantir que é possível.

Mas como fazer isso? Trarei nas próximas páginas as respostas, com casos de pessoas e organizações que, por acreditarem em uma ideia, se mobilizaram para defendê-la e transformá-la em política pública de uma forma muito eficaz: o advocacy. Não contarei apenas histórias, mas também a metodologia adotada em defesas bem-sucedidas de causas. Ao final da leitura, você estará muito mais preparado para atuar como um supervoluntário de uma organização, ou para liderar os esforços de advocacy, seja de uma ONG ou uma empresa. Ou, então, para entender que a sua contribuição em tais ações pode ser pequena e, assim, buscar outras formas de contribuir – afinal, cada um defende a sua causa da maneira que pode.

Em resumo

- Causa é a razão por que alguma coisa se torna aquilo que é. É o conjunto de ideias ou princípios que alguém se propõe a defender.
- Tudo o que faz você sentir raiva, empatia ou revolta – tudo aquilo que o faz "levantar da cadeira" – tem o potencial de ser uma causa.
- Há uma infinidade de causas a serem defendidas, assim como variados caminhos para defender uma causa: criar uma organização social, se converter em ativista, trabalhar em uma empresa etc.
- A forma de defender uma causa de modo a gerar o maior impacto possível é transformar essa causa em

lei. Para alcançar mudanças profundas e sistêmicas, é necessário alterar as normas que nos regem.

Perguntas orientadoras

- Que ideias ou princípios são tão importantes na sua vida a ponto de você expô-los publicamente?
- Que situações do dia a dia em sua comunidade (cidade, estado ou país) o incomodam ou comovem mais?
- Quais dessas questões fazem você se levantar da cadeira com vontade de tomar uma providência?
- Se a mudança que você propõe pudesse virar lei, que impacto teria?

Para ir além

- www.descubrasuacausa.net.br
- www.cause.net.br
- www.gife.org.br
- www.abong.org.br

2
O QUE É ADVOCACY, AFINAL?

O placar mostrava uma vitória incontestável: 76 a 0. Em maio de 2010, todos os senadores presentes votaram *sim*. Sim pela criação da Lei da Ficha Limpa. Não havia alternativa – era uma demanda popular. Meses antes, em setembro de 2009, a Ordem dos Advogados do Brasil (OAB), a Comissão Brasileira Justiça e Paz (CBJP) e setores da sociedade civil despejaram no Congresso Nacional calhamaços com 1,6 milhão de assinaturas em apoio à lei. Outros 2 milhões de pessoas haviam carimbado seu nome em uma petição on-line.

Esses muitos brasileiros exigiam que políticos condenados por corrupção eleitoral, ato doloso de improbidade administrativa ou alguma infração ético-profissional durante seus mandatos fossem proibidos de concorrer às eleições por oito anos. Entravam na lista também os espertinhos que haviam renunciado ao cargo para escapar da condenação.

Era uma demanda da sociedade para combater a corrupção no país. Um passo a mais em uma caminhada que começara a ser percorrida dez anos antes, em 1999, quando 1 milhão de pessoas assinaram um documento pela aprovação de lei contra a compra de votos. Encabeçada pelos mesmos personagens (OAB e CBJP), a lei proibia que políticos conde-

COMO DEFENDER SUA CAUSA

nados por essa prática seguissem no cargo e os tornava inelegíveis nas disputas seguintes. Foi a primeira vez, na jovem democracia brasileira, que a população agiu para mudar as regras do jogo eleitoral.

E funcionou por pura pressão, vigilância e debate ao longo do tempo – como deveria acontecer sempre. É a participação popular que faz a democracia se manter em pé. Jürgen Habermas, cientista político alemão, chegou a essa conclusão décadas atrás, ao defender debates a respeito de decisões políticas baseados em argumentos racionais (levando em conta fatos e dados, e não boatos ou achismos). A formação da opinião pública só faz favorecer a sociedade civil e o próprio sistema político. Quanto mais pessoas antenadas nas decisões políticas houver, melhor será. E será maior o entendimento de cada cidadão sobre a realidade e a própria capacidade de influenciar os rumos das decisões que, em nosso caso, se dão em Brasília, ou nas assembleias estaduais e câmaras municipais. Pessoas engajadas sabem cobrar ou reverter políticas públicas melhores para a sociedade. Afinal, quem melhor para pensar soluções para determinados problemas do que as pessoas afetadas por eles?

Basta olhar para alguns exemplos históricos. A abolição da escravatura não se deveu ao bom senso dos negociantes de escravizados, mas sim às revoltas negras – e à capacidade de articular, influenciar e cobrar pessoas ligadas à política. A decisão de colocar um basta às leis segregacionistas nos Estados Unidos e na África do Sul também não surgiu por comoção das elites. As mudanças só aparecem com uma demanda clara, seguida da propagação dessa ideia à população e da pressão nos espaços de decisão. São esses os três elementos que, segundo Habermas, caracterizam os movimentos populares capazes de influenciar os rumos da sociedade. Ou seja: as mudanças profundas não nascem do nada, mas brotam das demandas da população e ganham força até chegarem aos tomadores de decisão. E, ao que tudo indica, é cada vez mais o desejo da sociedade influenciar os rumos da política. Como defende o filósofo político Norberto Bobbio, democracia não se resume às eleições; as pessoas querem ter influência também nas políticas que mexem com suas vidas no dia a dia. É impossível discordar de Bobbio se lembrarmos do alvoroço nas ruas brasileiras em 2013, quando mais de 1 milhão de pessoas, em 400 cidades, participaram das ondas de protesto. Ou dos protestos favoráveis ao impeachment de Dilma Rousseff em 2016.

Não é fácil chegar aonde os idealizadores do Ficha Limpa chegaram. Eles não decidiram do dia para a noite sair atrás de assinaturas. Toda articulação para mudar uma lei começa bem antes. As entidades precisaram, primeiro, entender como a corrupção eleitoral funcionava e afetava a política brasileira, com base em evidências e pesquisas; só assim foi possível formular um tema claro – combate à compra de votos e proibição da candidatura de políticos com a ficha suja – e objetivos específicos – elevar a conscientização da sociedade sobre o problema e criar leis para coibir o que estava errado. Elas analisaram todos os possíveis obstáculos, mapearam potenciais parceiros e construíram uma mensagem clara para enviar à população. Com o plano organizado, saíram em busca de alianças e começaram a campanha para a criação das leis. A prática só veio depois de muito planejamento.

Jogando o jogo

Toda organização da sociedade civil – e elas são muitas no Brasil: 890 mil, segundo o Instituto de Pesquisa Econômica Aplicada (Ipea) – tem como sonho uma vitória como a da Ficha Limpa. No entanto, a maioria não segue os passos que os mentores da lei percorreram. Embora identifiquem um problema, elas não sabem ao certo as causas ou as maneiras de solucioná-lo. No primeiro impulso, sem definir objetivos e metas claros, lançam campanhas abstratas. Com pouco embasamento teórico, sem conhecer o terreno das decisões políticas e com uma vontade de abraçar o mundo em vez de dar um passo de cada vez, acabam desperdiçando os poucos recursos que têm. Por fim, raramente alteram a ordem do jogo por meio de mudanças legislativas.

Não que essa seja a ambição de todas as campanhas de ONGS. Por exemplo, a preocupação da WWF Brasil no começo de 2018 era com a quantidade de plástico lançada anualmente nos oceanos e, por isso, decidiu fazer o alerta: 100 mil mamíferos e 1 milhão de aves morrem todos os anos por ingerirem ou se enroscarem em pedaços de plástico. E lançou a campanha: "Nesse verão, dispense o canudinho". A guerra ganhou a adesão de artistas, e o canudo virou um dos vilões do meio ambiente. Não houve um trabalho em conjunto com os tomadores de decisão para chegar a isso. A intenção não era mexer na legislação do país, e sim conscientizar e mudar hábitos. Papel cumprido.

Outras campanhas de conscientização ou engajamento tentam apenas criar um burburinho em torno de um tema. O Greenpeace, por exemplo, lançou no final de 2016 sua campanha Defenda os Corais da Amazônia, alertando sobre os perigos da exploração de petróleo na foz do rio Amazonas, onde foi encontrado um novo e extenso bioma de corais, cheio de espécies endêmicas. Com a pressão de quase 2 milhões de assinaturas e a apresentação de estudos científicos, o Greenpeace conseguiu adiar os processos do Instituto Brasileiro do Meio Ambiente e dos Recursos Naturais Renováveis (Ibama) de licenciamento às empresas interessadas na exploração. E a luta segue para que a permissão não seja concedida – a cobrança da ONG se volta às empresas com o objetivo de que, ainda que à força, elas desistam da ideia. Trata-se de uma decisão consciente de alertar sobre o problema e estimular novas pesquisas, criar uma comoção popular e esperar que outros atores se empenhem na mudança de leis.

O advocacy engloba todas essas estratégias e outras tantas. Fazer um trabalho apenas de comunicação, ou apenas de conscientização, não é o bastante. Advocacy exige essas tarefas mais um intenso diálogo com os tomadores de decisão. Dá trabalho. Muito trabalho – e é por isso que as ONGs e os ativistas se perdem e se lançam a campo antes de planejarem as táticas de jogo. Advocacy – termo ainda sem tradução para o português – resume um processo organizado e planejado de informar e influenciar a sociedade e os tomadores de decisão com base em evidências concretas, ou seja, em pesquisas e dados, a fim de produzir impactos políticos reais (mudar, criar ou revogar leis). Sendo assim, exige tempo, foco e paciência, assim como conscientização da população. A vantagem é que seus resultados tendem a ser duradouros; uma campanha pode sair de moda, uma lei, não – a não ser que passe novamente por todo o processo legislativo para ser extinta ou modificada.

Se algumas ONGs ainda falham quando tentam emplacar mudanças públicas, as associações de empresas sabem bem como usar as técnicas do advocacy. Em 1938, alguns empresários se deram conta de que juntos poderiam elaborar estudos e ter maior controle e influência sobre as políticas voltadas para o setor industrial e, assim, fundaram a Confederação Nacional da Indústria (CNI), que hoje conta com 1.250 sindicatos patronais, todos unidos em defesa dos

COMO DEFENDER SUA CAUSA

interesses do setor. Não à toa, a CNI apoiou e comemorou a aprovação da reforma trabalhista em 2017, que considera um marco histórico de sua atuação por reduzir a insegurança jurídica sobre a adoção de arranjos aparentemente corriqueiros, como *home office* e jornadas de trabalho mais flexíveis, que antes esbarravam na rigidez da legislação. Trata-se de uma maneira institucional de mudar as regras do jogo político: um grupo específico convence outros setores da sociedade de que suas ideias podem mudar a vida de uma grande parcela da população. Grupos com muita influência e poder econômico em geral conseguem ter suas demandas atendidas.

Movimentos populares, também – às vezes. Deu certo quando o Movimento Passe Livre organizou passeatas pela cidade de São Paulo em reação ao aumento de 20 centavos na tarifa do transporte público na cidade. Após uma resposta violenta da Polícia Militar, em 2013, milhares de pessoas se uniram aos manifestantes e formaram um dos protestos mais numerosos dos últimos anos, que obrigou o governo paulistano a recuar, ainda que temporariamente, na decisão do aumento – e esse foi o menor dos impactos.

A inspiração do movimento veio do exterior. Em 2010, manifestantes de países árabes saíram às ruas para lutar pela democracia em seus países. No ano seguinte, inspirados pela Primavera Árabe, os norte-americanos fizeram versão semelhante dos protestos, o Occupy Wall Street, uma onda de manifestações contra a desigualdade social e econômica, a corrupção e a influência de empresas nas políticas do país que tomou as cidades – e, num efeito dominó, chegou até a Europa. Entre 2011 e 2013, o Occupy Wall Street chamou a atenção do mundo por meio das redes sociais, abrindo debates importantes; entretanto, por não ter uma liderança nem uma estratégia clara de atuação e de impacto real em políticas públicas, e também pela repressão vinda do *status quo*, o movimento foi perdendo força até acabar.

O problema desses movimentos horizontais é que, sendo quase espontâneos, sem liderança definida, se esvaem com o tempo, sem gerar consequências permanentes. Quatro anos após as Jornadas de Junho, o então prefeito de São Paulo, João Doria, aumentou o valor das passagens para 4 reais.

Parceiros políticos

Se juntarmos as duas fórmulas – a pressão institucional, como faz a CNI, e a popularidade dos movimentos horizontais –, o jogo muda. E a vitória pode ser massacrante, como naquele 76 a 0 na votação do projeto Ficha Limpa. É dessa soma de estratégias que nascem as campanhas de advocacy em rede. Depois de se organizarem e planejarem, as organizações mobilizam a população – como no caso dos milhões de assinaturas do Movimento de Combate à Corrupção Eleitoral – e, ao mesmo tempo, negociam com os tomadores de decisão as mudanças legislativas necessárias para a causa avançar.

Ou seja, usam, além de técnicas de comunicação e de conscientização, uma tática malfalada no Brasil: o lobby. A palavra carrega uma conotação negativa, quase sempre ligada a corrupções de todos os tipos – desde a negociata entre empreiteiras gananciosas e políticos com vista a uma vitória fácil (e ilegal) em licitações de obras públicas, até o suborno de agentes públicos em troca de determinada decisão. Lobby corrupto existe, não há como negar, assim como advocacia corrupta ou mesmo sindicalismo corrupto. Entretanto, não estamos falando de corrupção, e sim de maneiras lícitas de defender interesses perante o governo. Lobby remete a qualquer negociação específica entre entidades ou pessoas e legisladores ou tomadores de decisão. Uma associação de

COMO DEFENDER SUA CAUSA

fabricantes de rolamentos pode fazer lobby para reduzir o imposto de importação de uma peça específica que não seja fabricada nacionalmente; sem infringir nenhuma regra, ela apresenta seus argumentos aos tomadores de decisão (políticos e agentes públicos) a fim de reduzir seus custos. Não há problema nisso, faz parte do processo democrático. O lobby sustenta a defesa dos interesses específicos de um grupo, seja um sindicato de trabalhadores, uma associação patronal ou qualquer outro.

E é uma tática que faz parte do advocacy. Com uma diferença: no advocacy, para mudar políticas públicas que afetam a vida de boa parte da população, é preciso se engajar e dialogar com vários setores da sociedade – desde os políticos de Brasília e de outras casas legislativas, passando por lideranças de ONGs, até os cidadãos comuns. Estratégias de advocacy almejam mudar a legislação e conscientizar parte da população. Ou seja, as estratégias se apoiam em dois pés: comunicação com a sociedade e negociação com políticos e tomadores de decisão. É justamente por essa razão que é recomendado para questões amplas, complexas, difíceis de resolver – que impactam muita gente.

E também é por isso que só funciona com base em evidências – caso contrário, por que um legislador alteraria uma lei, sem justificativas positivas para tal mudança? São necessários dados concretos para fundamentar uma causa. Mais do que isso: é necessário conhecer quais são os políticos que podem boicotar a ideia e quais podem ajudar a concretizá-la. E é necessário encontrar aliados que possam oferecer recursos indisponíveis – se falta comunicação, por exemplo, uma ONG especializada pode virar parceira para definir a melhor mensagem a ser transmitida. E esse planejamento pode levar meses.

44

A princípio, pode parecer um trabalho exaustivo e impossível. Não é. E os resultados são transformadores: como exemplo, o Ficha Limpa barrou mais de 2 mil candidaturas (alguns indivíduos se candidataram mesmo assim, depois de entrarem com recurso) só nas eleições de 2018 e deve continuar mudando a cultura política brasileira, ainda que os retrocessos estejam sempre à espreita quando se trata do nosso sistema político.

Com o conceito de advocacy esclarecido, você está pronto para conhecer todos os passos para fazer a sua causa virar lei.

Em resumo

- É a participação popular que faz a democracia parar em pé.
- Formar opiniões públicas só favorece a sociedade civil e o próprio sistema político. Quanto mais pessoas antenadas nas decisões políticas, melhor.
- As mudanças só aparecem com uma demanda clara, seguida da propagação da ideia à população e da pressão nos espaços de decisão.
- Toda articulação para mudar uma lei começa bem antes da mudança.
- Advocacy é o processo organizado e planejado de informar e influenciar a sociedade e os tomadores de decisão para conseguir impacto em políticas públicas.
- Estratégias de advocacy almejam mudar a legislação e conscientizar parte da população.

Perguntas orientadoras

- Você quer apenas comunicar uma causa e conscientizar as pessoas, ou você também busca uma mudança em leis/normas/regras vigentes?
- Uma mudança legal impactaria positivamente a sua causa?
- A sua causa é muito específica ou impacta muitos grupos/atores da sociedade?

Para ir além

- www.advocacyhub.org
- www.theadvocacyhub.org
- https://advocacyassociation.org/
- Curso da Fundação Getulio Vargas (FGV SP): Advocacy e Políticas Públicas: Teoria e Prática.
- Curso on-line CAUSE: Advocacy na Prática: 10 Passos para Mudar o Mundo.

3
DELIMITE O PROBLEMA

A Fundação Tide Setubal buscou a CAUSE com um desafio e tanto: influenciar políticas públicas para reduzir a desigualdade no Brasil. Desde 2006, a ONG atua em algumas áreas do bairro São Miguel Paulista, no extremo leste de São Paulo, que apresenta um dos cinco menores índices de desenvolvimento humano (IDHM) na capital. A inspiração para a fundação foi o trabalho social realizado pela ex-primeira-dama Mathilde de Azevedo Setubal, a Tide, durante a permanência de seu marido, Olavo Setubal, na Prefeitura de São Paulo, nos anos 1970; Tide foi responsável pela criação do Corpo Municipal de Voluntários (CMV), que buscava atuar com um viés social, porém sem ser assistencialista.

A ação da fundação em São Miguel Paulista se divide em cinco núcleos: atendimento, fortalecimento, mobilização, programação cultural e influência em políticas públicas.

Cada um se materializa em atividades voltadas à gestão de espaços públicos, atividades culturais, pesquisa, defesa de direitos, formação comunitária e de professores, fortalecimento das organizações locais, mobilização/articulação das comunidades e interlocução com o poder público. A Tide Setubal foi protagonista no sentido de atrair para o bairro,

COMO DEFENDER SUA CAUSA

por meio de mobilização social, articulação e interlocução institucional, equipamentos públicos como creches, Unidade Básica de Saúde e Pontos de Leitura.

O trabalho da fundação ajudou a mudar uma série de indicadores na localidade. Caíram as taxas de analfabetismo, mortalidade de adultos jovens e de gravidez na adolescência. Subiram os índices de emprego, creches, unidades de saúde e a proporção de habitantes com ensino profissionalizante. Foi possível melhorar a vida dos moradores de São Miguel Paulista.

Deu tão certo que a fundação decidiu expandir a sua atuação. No entanto, seria impossível repetir as ações em cada bairro de São Paulo. Menos ainda do Brasil. Imagine o tanto de recursos financeiros e humanos que seria necessário para levar todos os serviços que eles prestavam em São Miguel Paulista a outros bairros da cidade, ou mesmo a outras cidades. A ONG queria ter um impacto duradouro e mais abrangente, e sabia que para isso a forma de atuação precisaria mudar. Seus membros já estavam convencidos de que a melhor maneira seria estabelecer uma estratégia de advocacy de longo prazo, já que o tema era amplo, atingia boa parte da população e demandava conscientização da população e mudança legal ao mesmo tempo.

Entretanto, precisávamos de uma ideia mais pé no chão. A começar pela abrangência do tema: "desigualdade" pode ser racial, social, espacial, educacional etc. Como tratar de um tema com tantos vieses? O advocacy, como uma de suas primeiras regras, exige foco e precisão. O problema a ser resolvido precisa ser definido da maneira mais clara e delimitada possível. Não dá para abraçar o mundo, ou a causa se perde. É preciso escolher as batalhas que você vai travar com base naquelas para as quais tem (ou pode conseguir) as armas necessárias para vencer. Um tema precisa ser específico. E isso pede preparo, planejamento e pesquisa. O problema é que pouca gente começa por esse passo. Arrisco dizer que apenas um terço das causas surgem com um tema bem definido.

Uma exceção é a Associação Brasileira de Empresas de Tratamento de Resíduos e Efluentes (Abetre), cuja briga é bem clara. Eles sabem – com base em experiências e pesquisas – que, quando a gestão de uma cidade cobra de seus moradores uma taxa de recolhimento e descarte de lixo residencial, o município cuida melhor dos resíduos; no entanto, poucos prefeitos têm coragem ou vontade política para comprar essa briga. Não é mesmo uma decisão muito popular. Marta Suplicy que o diga. A ex-prefeita de São Paulo arruinou sua reeleição em 2003 quando aprovou a cobrança de uma taxa para coleta de lixo dos moradores. Seria adicionado ao Imposto Predial e Territorial Urbano (IPTU) um valor que poderia variar de 6 a 60 reais, de acordo com o tamanho do imóvel. A nova taxa criou polêmica na capital. Segundo estudos do economista Amir Khair, sob a administração de Marta o peso dos impostos no bolso dos paulistanos quase dobrou: em 2001, entregavam 4,75% de sua renda média à Prefeitura; em 2004, o valor passou a corresponder a 8,35%. A taxa do lixo foi a gota-d'água e rendeu a Marta o apelido de Martaxa. Seus adversários exploraram ao máximo as medidas impopulares dela nos debates e nas campanhas de 2004. Quem venceu as eleições foi José Serra, que, empossado, extinguiu a lei que regulamentava a Taxa de Resíduos Sólidos Domiciliares em um de seus primeiros atos.

Acontece que a cobrança, apesar de todas as críticas, funcionava bem. Naquela época, a Prefeitura arrecadava 450 milhões de reais para cuidar do lixo – e o encargo nem ficava todo para os cidadãos, que pagavam apenas 23% dos custos totais. Era como dividir a conta, com a ambição de

COMO DEFENDER SUA CAUSA

reduzir a produção de lixo por habitante. Com a verba, a Prefeitura geria melhor os resíduos da cidade. Geralmente é o que acontece quando um município cobra taxa semelhante, segundo mostra o Índice de Sustentabilidade da Limpeza Urbana: quase 70% dos municípios com arrecadação nessa área descartam melhor seus resíduos. Ou seja, em vez de jogar o lixo em aterros e lixões irregulares, essas cidades reciclam mais, aumentam a coleta e despejam em locais corretos.

O tema está dado: o descarte correto dos resíduos domiciliares é impulsionado quando o município cobra uma taxa para o tratamento deles, porém essa é uma decisão custosa politicamente, o que faz que a maioria dos municípios não a adote. Dados e números apontam as causas e as possíveis soluções, porém é preciso ir além. Sem um plano consistente de como convencer cidadãos a pagar mais impostos – ainda que seja para melhorar o ambiente da cidade em que vivem –, arrisco dizer que há grandes chances de essa virar uma causa perdida.

A escolha

Não era tão simples assim delimitar o problema a ser enfrentado pela Fundação Tide Setubal – como, em geral, não é. A ambição de melhorar o Brasil e diminuir o buraco entre os mais pobres e os mais ricos englobava um monte de questões: educação, cultura, urbanismo, habitação, raça e gênero. Para colocar os pés um pouco mais no chão, elaboramos pesquisas sobre o trabalho e os resultados em São Miguel Paulista e buscamos referências em estudos de desigualdade sobre suas principais causas no Brasil e no mundo.

Na zona leste da capital, a fundação mudou as estruturas e uniu a comunidade. Prédios deteriorados cederam

50

lugar a novos espaços comunitários reformados. Surgiram bibliotecas, hospital, centros de cultura e esporte, casas de educação. Cada canto passou a abrigar eventos abertos ao diálogo com a sociedade (para entender e auxiliar nas principais dificuldades de cada morador) e a oferecer cursos e oficinas – de culinária, por exemplo. De um momento para outro, aquela população passou a ter dentro do próprio bairro coisas que antes estavam longe. Foi como passar a viver no centro ou em algum bairro nobre, onde não faltam opções de lazer, saúde e educação. Entre as pequenas derrotas está o fato de que os índices de saneamento básico e assistência social e de casas com construções precárias ainda não melhoraram na região. Essa diferença gritante que vai da fartura de serviços ao completo abandono nas periferias tem nome: desigualdade socioespacial. Era esse o ponto forte da atuação da Fundação Tide Setubal.

E é uma luta travada por outras muitas instituições mundo afora, sob o som de um alerta: enquanto a economia global dobrou nos últimos 30 anos, a desigualdade nunca deixou de aumentar. Uma série de pesquisas demonstra esse cenário. Segundo a organização internacional Oxfam, a riqueza das 62 pessoas mais ricas do planeta cresceu 45% desde 2010, enquanto metade dos mais pobres viu sua "riqueza" enxugar 38%. Lá fora, o Fundo Monetário Internacional (FMI) e o Fórum de Davos – marcados pela visão liberal da economia – demonstraram preocupação com o desenvolvimento, alertando para o aumento das desigualdades.

Pelos lados de cá, a desigualdade, medida pelo índice de Gini, caiu desde 2002, porém voltou a subir ladeira entre 2015 e 2016, e o Brasil chegou à nona posição no ranking de desigualdade de renda elaborado pela Oxfam. Apesar disso,

COMO DEFENDER SUA CAUSA

a maior preocupação da população é o combate à corrupção; amenizar as desigualdades aparece em segundo plano entre as preocupações coletivas do país.

Muitas outras pesquisas e estudos explicam os porquês e as raízes de tantas desigualdades. Não é só sobre concentração de renda, ainda que este seja um ponto bem relevante. Um dos problemas é o uso equivocado das verbas públicas, cuja solução nem de longe significa reduzir os esforços dos governos em programas sociais. Anthony Atkinson, economista britânico especialista em estudos sobre pobreza e desigualdade, listou 15 formas para enfrentar problemas sociais; segundo ele, entre outras coisas, o Estado deve garantir políticas nacionais de salário mínimo, herança mínima paga a todos os adultos e renda complementar à população mais pobre. Entretanto, ficou de fora uma saída: empoderar a população das periferias a fim de que participe nas tomadas de decisão – como, na prática, fez a Fundação Tide Setubal em São Miguel Paulista. Na verdade, poucas organizações que atuam no Brasil têm foco no empoderamento e na maior participação das periferias como vetor de redução de desigualdades.

Com base nas muitas pesquisas, a CAUSE preparou um documento teórico, um verdadeiro dossiê sobre desigualdades no mundo e no Brasil, o *resumo da causa*, que ajudou a construir a base da causa sonhada pela fundação e as raízes da questão. Deu à ONG a dimensão do problema e, com isso, fechou um pouco o leque de opções. O foco passaria a ser uma só desigualdade: a socioespacial, até pela experiência prévia da ONG no tema. Ficaram claros três fatores que estimulavam esse buraco entre ricos e pobres: a) má alocação dos recursos públicos, pois havia evidências concretas de que o dinheiro público é majoritariamente investido nas áreas centrais da cidade, em detrimento das periferias, onde é mais necessário; b) baixa cultura de participação política, principalmente nas periferias, já que nós, brasileiros, não estamos acostumados a participar de fóruns e conselhos e a cobrar nossos representantes – e isso é ainda mais difícil quando se está desempregado ou subempregado; e, para agravar o ponto anterior, c) o poder público utiliza muito pouco os mecanismos de participação estabelecidos, como fóruns e conselhos locais, ou seja, além de já não termos a cultura de participar das decisões públicas que nos afetam, o próprio governo não instala os fóruns participativos. Assim, em uma frase, estavam definidos o problema (o tema) e suas raízes: os recursos públicos não são alocados de forma a reduzir as desigualdades socioespaciais.

A fundação entendeu que a luta não poderia ser nacional. Passar do bairro de São Miguel Paulista para o Brasil todo seria dar um passo grande demais, e a ONG sabia que ainda não tinha tanta influência para mudar uma política nacional, pois nunca havia feito advocacy e não conhecia o processo legislativo federal, e, além disso, seu histórico de atuação e sua rede de relacionamentos praticamente se restringiam à cidade de São Paulo. Conhecer os próprios limites facilita o processo. Em advocacy, vale o dito popular: nunca dê um passo maior do que as suas pernas podem acompanhar.

Não é preciso ter muitos recursos para fazer um documento completo e construir uma base sólida para lutar por uma causa. A internet oferece um mundo de informações e de estudos científicos, como os próprios relatórios da Oxfam e de tantas outras organizações confiáveis. Ainda que não haja uma pesquisa disponível sobre os anseios e os desejos de seu público, ou que valide a hipótese que você construiu sobre o problema, encomendar uma não custa tão caro; hoje em dia, com cerca de 3 mil reais é possível contratar uma pesquisa on-line nacional, com amostragem de mil ou 1,5 mil entrevistas e um questionário de 10 a 15 perguntas – o suficiente para adquirir evidências da importância do assunto.

A causa das cidades

Leticia Sabino só enxergou verdadeiramente a cidade de São Paulo quando abandonou o carro. Depois de uma temporada na Cidade do México, ela pegou gosto por caminhadas. Percebeu como a cidade corre despercebida de dentro de um veículo. Passou a sentir a capital com os pés – como faz boa parte dos brasileiros. Leticia reparou nas construções, no abandono das calçadas e no modelo político que prioriza os carros, e não os pedestres. Quase todo o planejamento urbano de São Paulo é voltado para automóveis, não para pessoas. Ela encontrou a sua causa: brigar por mais espaços públicos na cidade, pois só assim os paulistanos poderiam vivê-la e experimentá-la.

Em julho de 2012, Sabino deu vida ao Movimento Sampa-Pé, uma organização com o objetivo de estimular o debate sobre espaços públicos e de experimentações da cidade. Ao lado de parceiros, como o pessoal do Minha Sampa, aprendeu a fazer advocacy. E começou a tocar um sonho: fechar as ruas das cidades para carros e abri-las para pessoas. Se o Rio de Janeiro fecha a orla da praia aos domingos, Brasília abre as ruas no Eixão do Lazer, São Paulo reúne milhares de ciclistas e pedestres no Minhocão aberto, por que não tirar os carros da Avenida Paulista? O movimento documentou essas experiências, mergulhou em pesquisas e saiu às ruas para explicar à população como a cidade é pensada apenas para o fluxo de carros. Milhares de pessoas assinaram uma petição on-line e enviaram e-mails à Prefeitura para pedir a abertura da principal avenida da cidade. O SampaPé tinha em mãos o dossiê necessário: pesquisas sobre o apoio da população, experiências bem-sucedidas em outras cidades, argumentos e evidências sobre os benefícios da iniciativa. Era o primeiro passo.

Faltava uma oportunidade para mostrar na prática que daria certo. E a chance surgiu em 2015, quando a Prefeitura organizou um evento para inaugurar a ciclofaixa da Avenida Paulista. Leticia e seus parceiros juntaram artistas para promover atividades e convocaram a população para ocupar os quarteirões. Pela primeira vez, por pressão popular, a avenida trocou o trânsito pelo lazer. Um ano depois, 61% dos paulistanos já aprovavam a ideia, segundo pesquisa do instituto Datafolha. Não deu outra: a Prefeitura transformou em programa a iniciativa, que em seguida virou um decreto e, mais tarde, em dezembro de 2016, uma lei definitiva – que ainda precisa ser regulamentada. Graças à Lei Ruas Abertas, além da Paulista, outras ruas da cidade se abrem à população em horários estabelecidos durante os finais de semana.

Do primeiro passo até a conquista, o SampaPé e o Minha Sampa aplicaram as estratégias de advocacy que você aprenderá nos próximos capítulos: eles delimitaram o problema, construíram uma boa base estratégica, calcada em evidências e argumentações, e pressionaram o governo local. A vitória desse movimento prova que é possível lutar por causas e influenciar políticas públicas, independentemente dos recursos financeiros: o mais importante é ter foco na resolução do problema, um bom planejamento e uma execução que siga a estratégia desenhada.

COMO DEFENDER SUA CAUSA

Como fazer

Antes de qualquer coisa, pesquise. Pesquise muito. Comece a destrinchar o tema pelo exterior. Descubra as pesquisas mais recentes sobre ele. Vamos supor que a sua luta seja por segurança pública. Busque todas as pesquisas e estudos teóricos sobre a questão. Os indicadores destacam a dimensão do problema no mundo – quantas pessoas são assassinadas por ano na América Latina, quais são as cidades mais violentas em cada continente etc. Então, avalie especificamente o cenário nacional. Bem, mais de 500 mil pessoas foram assassinadas no Brasil na última década – 30 vezes mais do que em toda a Europa –, ou seja, não faltam evidências de que temos um grave problema de segurança pública no país. Com estudos teóricos e quantitativos, você encontrará as principais causas da violência em cada ponto do Brasil.

Procure exemplos de cidades ou países que enfrentaram e mitigaram problemas parecidos com os nossos. Quais medidas eles adotaram para amenizá-los? Novamente, os indicadores mostrarão a eficiência de cada medida. Essas experiências mostram saídas positivas, porém é preciso considerar as especificidades do lugar, de modo que se faz necessário buscar cidades com realidades semelhantes. Ninguém acerta na primeira vez. Os exemplos nos ajudam a encontrar soluções mais certeiras. Use-os como inspiração. Se não existirem exemplos práticos, busque estudos teóricos ou análises de especialistas na área; sempre haverá quem estudou o problema anteriormente e sugeriu soluções.

Se possível, faça pesquisas locais para saber se a população vê a situação da mesma forma que você. Talvez ela entenda que há problemas mais preocupantes. Ou acredite em soluções diferentes. Esteja aberto a mudanças e em contato com a população mais afetada pelo problema e pelas políticas públicas relacionadas. Não adianta ser um forasteiro visionário. As comunidades envolvidas precisam apoiar e acreditar em suas iniciativas.

Conhecer as leis e os marcos regulatórios que envolvem o tema também faz toda a diferença. Você precisa conhecer tudo o que rege a respectiva área – legislações, programas governamentais ou privados – e quanto o governo reserva de verba para investimentos nela. Se você não apresentar informações suficientes, os tomadores de decisão poderão questionar e desconfiar do seu projeto. É necessário estar bem embasado em uma pesquisa sólida.

Feita a lição de casa, você precisa encarar a própria experiência pessoal ou de sua organização. É muito mais difícil começar do zero, sem conhecer o assunto. Leticia Sabino era urbanista, e isso foi determinante para fundar a SampaPé. A Fundação Tide Setubal já trabalhava no combate às desigualdades, porém no nível local. Delimite o tema com base em pesquisas, evidências e em sua especialidade ou na especialidade de sua organização. Estabeleça cinco a sete batalhas que você deseja e tem condições hipotéticas de travar. Selecione uma ou duas delas e defina o tema: uma frase clara que resuma bem qual é a sua briga, qual é o problema que você quer resolver. No caso da fundação, após considerar alguns tipos de desigualdade sobre os quais poderia atuar (racial, de gênero, socioespacial etc.), chegou-se à conclusão, a partir de estudos preliminares e muita discussão, que o foco seria o combate às desigualdades socioespaciais na cidade de São Paulo. Lembre-se: não queira abraçar o mundo. Se você ainda tem pouca influência para mudar uma política na esfera nacional, comece pelo seu bairro. Ou pela sua cidade. Mas nunca dê um passo maior do que a perna. Caso contrário, as chances de ter sucesso ficam bem restritas.

COMO DEFENDER SUA CAUSA

Com o problema delimitado, você precisa definir três razões pelas quais o problema persiste. Para cada uma dessas razões, faça quatro perguntas:

- A minha organização tem experiência programática com relação ao problema?
- Tenho evidências de que é mesmo um problema?
- Uma mudança na legislação pode ajudar a solucionar o problema?
- Pode ser pelo menos parcialmente resolvido em três a dez anos?

Quanto mais respostas positivas, maiores as chances de sair vitorioso da batalha – e maiores ainda de mudar políticas públicas.

Em resumo, tendo em vista o advocacy, um tema, para ser considerado bom, precisa ser específico e claro, ser fundamentado em evidências e carregar o potencial de gerar parceria com outros grupos ou organizações. Também é preciso que haja o desejo político de encaminhar o tema, para o que a sua organização deve ter experiências e expertise únicos, assim como recursos (tempo, dinheiro, influência). É necessário ainda que a probabilidade de mudança legal realmente impacte ou amenize o problema – e que isso seja realizado em um prazo de três a dez anos.

É possível que você não tenha uma pontuação alta em todos esses critérios. Faça um ranking para descobrir quais são os seus pontos mais altos – por exemplo, talvez você tenha mais recursos e experiência –, a fim de avaliar o potencial de sucesso da causa. Essa autoanálise será mais aprofundada no capítulo 7.

Em resumo

- Advocacy exige foco e precisão: o problema a ser resolvido deve ser definido e delimitado da forma mais clara possível.
- É preciso ter evidências que comprovem que o problema que você quer ver resolvido é de fato um problema. Se não existem dados, estudos e pesquisas que o comprovem, comece por esse aspecto.
- Um bom problema a ser resolvido é aquele com o qual você ou a sua organização já tem experiência em lidar.
- No advocacy, a resolução do problema passa necessariamente por um impacto em leis.
- Se você ainda tem pouca influência para mudar uma política na esfera nacional, comece pelo seu bairro ou pela sua cidade.
- Com o problema bem definido e delimitado, pense em qual é a causa-raiz dele (geralmente, existe mais de uma).

Perguntas orientadoras

- O problema pode ser definido em um parágrafo curto?
- A definição do problema está clara, concisa e baseada em evidências?
- Existe vontade política para resolver total ou parcialmente esse problema?
- O que está causando o problema? Uma das soluções possíveis tem a ver com mudança em políticas públicas?
- Você enxerga potencial de parceria com outras organizações para resolver esse problema?

Para ir além

- www.fundacaotidesetubal.org.br
- www.sampape.org
- www.oxfam.org.br
- www.weforum.org

4
DEFINA OS OBJETIVOS

Os dois empresários que conheceremos brevemente nos parágrafos a seguir contaram suas histórias em uma série de vídeos da Endeavor, uma organização não governamental de fomento ao empreendedorismo; apresentaram seus rostos e sonhos com um objetivo: mostrar que empresários são pessoas comuns, gente como a gente. Humanizar os empreendedores era parte da estratégia de comunicação da organização.

Paulo Granato abriu um posto médico em São Conrado, no Rio de Janeiro, para atender à população da Rocinha. Percebendo a demanda da comunidade por mais atendimentos médicos e exames, inaugurou a primeira Clínica Granato com a ideia de oferecer consulta de qualidade a baixo custo, uma alternativa ao Sistema Único de Saúde (sus) que se multiplicou por outros cantos do Rio de Janeiro.

William Chaves criou uma empresa para agilizar a produção de salgados. Na época, o empresário estipulava o preço máximo de 50 centavos – e o negócio foi um sucesso tão grande que nem sempre era possível dar conta da demanda. Ele conseguiu. E sonhou em expandir seu negócio em microfranquias espalhadas pelas comunidades do Brasil.

COMO DEFENDER SUA CAUSA

A humanização dos pequenos empresários era necessária. Pesquisas apontavam uma relação estranha entre a população e o mundo do empreendedorismo. Em parceria com o Ibope, a Endeavor quis saber dos brasileiros sua visão sobre os empresários do país. Por um lado, 88% acreditavam que "empreendedores são geradores de empregos", enquanto 74% viam que "empreendedorismo é a base da criação de riqueza, beneficia a todos nós"; 60%, no entanto, concordavam com frases do tipo "empreendedores exploram o trabalho de outras pessoas" e "empresários pensam apenas no seu próprio bolso".

A vida empreendedora tem bem mais percalços do que as pessoas idealizam. Em 2012, mais de 50% das empresas de alto crescimento, que são aquelas cujo quadro de funcionários aumenta, em média, acima de 20% ao ano durante três anos consecutivos e contam com ao menos dez funcionários assalariados, quebravam ao crescerem demais. Ganhavam, como "premiação" por seu crescimento acelerado, além de um salgado aumento na carga tributária a ser paga ao Estado, um emaranhado de novas regras tributárias a serem seguidas. E logo não conseguiam mais se sustentar. Morriam precocemente, no auge de sua adolescência, e levavam junto milhares de empregos.

Com dados e pesquisas – o primeiro trabalho de fôlego que toda estratégia de advocacy deve fazer, como você aprendeu no capítulo anterior –, a Endeavor tinha a base para entender o tamanho do problema e pensar nas soluções. E assim, quando Juliano Seabra, então diretor da Endeavor, chamou a CAUSE para construir a estratégia, ficou bem mais fácil estabelecer objetivos claros. O maior deles era aprovar uma lei que criasse faixas diferentes de transição para diminuir a mortalidade das empresas na saída do Simples e na entrada no Lucro Presumido e Lucro Real. Para chegar lá, a CAUSE e a Endeavor criaram outras duas metas de curto prazo: conscientizar a sociedade sobre o problema e exigir dos candidatos à Presidência da República nas próximas eleições, que seriam em 2014, a inserção do tema em seus programas de governo.

Seria impossível conscientizar sem criar empatia da população pelos empreendedores. Todo o plano da organização, construído com base nos objetivos, levava em conta a humanização do empresariado brasileiro. Foi dessa ideia que surgiram os vídeos com as histórias e os depoimentos de Paulo e William. Seria preciso também conquistar a opinião pública com aparições e pautas na imprensa falando especificamente das dores do crescimento empresarial. Com um plano de imprensa enxuto, porém com uma mensagem central, as matérias saíram: veículos nacionais relevantes contaram como seria possível reduzir a informalidade com a nova legislação pensada pela Endeavor e seus aliados e denunciaram a desatenção do governo ao tema. Vale enfatizar que a estratégia não teria funcionado tão bem se não tivéssemos definido uma mensagem central muito clara. Mesmo que usassem palavras e formatos diferentes, todos os nossos porta-vozes falavam sobre o mesmo assunto: as dores que o empreendedor enfrenta quando cresce. O alinhamento da mensagem, como você verá adiante, é fundamental em uma estratégia de advocacy.

Para fazer que as propostas chegassem às mãos dos candidatos a presidente e virassem compromissos de campanha, a Endeavor usou táticas diversas, de acordo com cada campanha, equipe e partido. Algumas delas foram: priorizar os três candidatos mais competitivos; pesquisar bem o entorno desses candidatos e as conexões deles com o tema "empregos e pequenas empresas"; estudar o que eles já tinham feito ou falado sobre a questão; fazer reuniões com di-

COMO DEFENDER SUA CAUSA

rigentes da campanha logo após as ações de mídia; reforçar a mensagem central definida; e, por fim, fazer o pedido de mudança legal fundamentado em evidências.

A pressão funcionou. As duas principais candidatas à Presidência em 2014, segundo pesquisas daquele início de campanha, Dilma Rousseff e Marina Silva, assumiram publicamente o compromisso de resolver a questão. Marina participou de um evento da Endeavor e, diante de vários microempreendedores, prometeu cuidar da questão. Dilma dedicou um programa de televisão a empreendedorismo, com proposta de criar o Simples de Transição.

Só em novembro de 2016, o então presidente Michel Temer sancionaria a Lei Crescer Sem Medo, não por coincidência baseada na ideia que havíamos disseminado em nossa mensagem central: as dores que o empreendedor sofre quando sua empresa está crescendo. A nova legislação criou a progressão de alíquotas que tínhamos proposto, além de ampliar o prazo para refinanciamento de dívidas de 60 para 120 meses e aumentar o teto de faturamento de cada categoria de empresas dentro do Simples. Assim, o empresariado ganhou uma folga na burocracia e nas receitas antes de pular para outra categoria e pagar ainda mais impostos. Como sempre, levou tempo: com objetivos bem claros (garantir apoio dos presidenciáveis, conscientizar a população sobre o problema e aprovar uma lei), uma mensagem forte e um plano bem executado, foram necessários pelo menos quatro anos de trabalho intenso da Endeavor para mudar a situação.

Objetivos

Você não fará nada bem-feito se não definir exatamente o que quer fazer. Muito menos se a sua ideia não for sustentada por evidências, pesquisas e estudos prévios. Mais uma vez, é preciso pensar no tamanho do problema e no tempo até chegar às soluções finais, ou seja, nos principais objetivos, e avaliar a capacidade de sua organização ou de seus aliados (esse é um papo para o capítulo 8) para conseguir atingi-las. E isso pode levar um tempão. É importante avaliar e planejar as ações dentro desse tempo. Ainda que o ideal seja estipular objetivos que sejam concretizáveis em até cinco anos, pode ser que esse prazo se estenda um pouco. Veja o caso da Natura e a Lei da Biodiversidade, contado na introdução deste livro; foram dez anos para desenrolar e aprovar uma nova legislação.

Nos Estados Unidos, a Atlantic Philanthropies e outras seis instituições sabiam que o caminho para abolir a pena de morte no país levaria muito mais do que cinco ou dez anos – seriam necessárias quase duas décadas até que a iniciativa começasse efetivamente a poupar vidas. Ainda que pareça uma eternidade para quem espera nos corredores da morte, era um prazo racional. Primeiro porque cada estado norte-americano tem autonomia nas legislações locais, isto é, nenhuma lei nacional pode determinar o direcionamento de cada estado quanto às decisões de matar ou não criminosos condenados. Segundo porque mudanças em legislações tão importantes só ocorrem se forem acompanhadas de mudanças no pensamento coletivo – caso contrário, tendem a naufragar. Justamente por isso, os membros da Abolition 2025 traçaram três objetivos bem claros: mudar a opinião pública sobre o tema; influenciar os estados a rechaçar a pena de morte; e persuadir a Suprema Corte a anular esse tipo de decisão.

Criada em 2006, a Abolition 2025 começou como manda o manual do bom advocacy: coletou informações sobre a legislação de cada estado norte-americano e realizou pesquisas

COMO DEFENDER SUA CAUSA

sobre os custos e a ineficiência da pena capital – que aumentava a desigualdade e não reduzia os índices de criminalidade. Encontrou aliados e inimigos na política – daqueles que brigariam com força pelo fim da pena de morte aos que a defenderiam até o fim –, montou comitês nacionais e regionais e estabeleceu metas. E só então colocou suas ideias nas ruas, com cartazes, publieditoriais, campanhas publicitárias, entrevistas e pautas na imprensa. Deu certo: em menos de dez anos, a população favorável à pena de morte diminuiu no país.

Os ativistas antitabagistas aqui do Brasil também levaram tempo para alterar a legislação sobre o tema. O objetivo de sua comunicação, necessária em toda ação de advocacy, foi mostrar aos brasileiros os malefícios do cigarro, fosse consumido de forma ativa ou passiva. Imagine se, do dia para a noite, chegasse uma ordem de Brasília estipulando que, a partir de amanhã, ninguém mais poderia fumar dentro de casas noturnas; certamente isso geraria uma crise e uma discussão sobre a liberdade individual, com o risco de a medida ser revogada em poucos dias.

A Aliança de Controle do Tabagismo (ACT) cumpriu a tarefa com paciência – outra exigência fundamental do advocacy, sempre vale reforçar. Para chegar ao objetivo final, começou pelas metas menores, num trabalho de formiguinha de convencimento da população. Milhares de adeptos se prontificaram a lutar ao lado da ACT e discursaram sobre as consequências negativas em longo prazo do consumo de cigarro. Tantos alertas reduziram o número de fumantes no país: de 2006 a 2017, a proporção caiu mais de 30%. O número de adolescentes que experimentam a droga também caiu: quase um quarto, de 2009 a 2012.

A redução de fumantes se deve também a outras ações desses grupos. Em 2009, as ações de lobby junto ao governo paulista renderam uma primeira vitória: o estado de São

Paulo aprovou uma lei antifumo que proibia fumar em lugares fechados, ou embaixo de toldos, ou mesmo em locais abertos de áreas comuns em condomínios e escritórios. Se até aquele momento a ambição era na esfera local, a organização, com a experiência estadual, se viu pronta para construir um objetivo maior: mudar a legislação federal. A vitória final chegou em 2011, e três anos depois o Ministério da Saúde deu aos estabelecimentos seis meses para se adaptarem e colocou a lei em prática.

Em nenhum dos casos um objetivo apareceu isolado, como uma missão que por si só bastasse. Além disso, os objetivos tocavam sempre em pontos fundamentais – comunicação, engajamento, mudança de pensamento coletivo, alteração ou criação de leis ou decretos – e eram embasados ou fruto da autoavaliação do poder da organização.

Como reduzir desigualdades?

Voltando ao caso da Fundação Tide Setubal, a discussão sobre mudanças de lei partiu de uma ideia inicial ambiciosa: criar uma nova lei federal. Não seria fácil. Uma avaliação interna fez a organização mudar de ideia: era melhor atuar em nível local – pular de uma ação em um bairro para outra voltada ao país todo era um passo muito grande. E os custos seriam altos. Só as viagens a Brasília trariam um gasto alto à fundação. Melhor seria pensar primeiro em mudanças na cidade de São Paulo. Com essa autoavaliação, a organização reduziu os envolvidos na negociação de um novo projeto de lei dos 594 deputados e senadores do Brasil todo para os 55 vereadores de São Paulo. Bem mais simples – e perto.

A fundação partiu da pesquisa prévia para descobrir as causas das desigualdades socioespaciais. Como mencionado, descobriu que as periferias recebem menos verba para

COMO DEFENDER SUA CAUSA

investimento do que as áreas centrais – e esse é um dos vetores da desigualdade. Ou seja, há uma alocação ruim do orçamento público. Esse era um dos pontos. O outro era a falta de envolvimento das populações periféricas com a política. Não havia uma cultura de participação nas decisões, nem mecanismos para estimulá-las a se informar e se envolver com temas que as afetam diretamente.

Com a causa definida – combate às desigualdades socioespaciais – e os problemas bem delimitados, a fundação encontrou os caminhos para estabelecer seus objetivos centrais: precisaria atuar na articulação de uma lei municipal para obrigar a Prefeitura a destinar mais recursos às periferias e a criar mais maneiras de estimular a participação da população desses locais nas políticas da cidade, ou seja, levar mais informações a esses lugares e estimular o engajamento. Essa única ação (um novo projeto de lei) cuidaria de dois agravantes da desigualdade: a péssima distribuição dos recursos da cidade e a baixa cultura de envolvimento com políticas públicas.

Só que de nada adiantaria mudar a cultura local se ainda faltassem meios para que os moradores participassem de fato das tomadas de decisões. Então, este se tornou o terceiro objetivo: regulamentar mecanismos de participação popular. É a única forma de dar voz às demandas dessas populações, de torná-las protagonistas das políticas que mais afetam suas vidas. Por último, a fundação se propôs a apoiar iniciativas de outras organizações, ou do próprio poder público, que tivessem como missão reduzir as desigualdades socioespaciais. Foi assim, com muita pesquisa interna e externa e o estabelecimento de quatro objetivos centrais, que a organização saiu da abstrata ideia de reduzir desigualdades para um plano sério de atuação em questões socioespaciais dentro da maior cidade do país.

Como fazer

A base da pesquisa serviu para ajudar a definir o tema, o problema a ser resolvido. E será fundamental para escolher objetivos claros que possam ser alcançados. Antes, durante a investigação do tema, você não descobriu apenas o interesse político e a relevância do assunto; percebeu também o tamanho do desafio e fez uma autoanálise do tamanho do passo que pode dar. É a partir daqui que estabelece o primeiro objetivo de longo prazo: a delimitação da esfera em que você atuará. A Tide Setubal escolheu a municipal; já a Endeavor partiu para uma estratégia de mudança nacional.

Além de barrar ou criar uma lei, existem outras maneiras de intervir em políticas públicas. Uma ação de advocacy pode substituir um projeto de lei (PL) por outro completamente diferente, ou exigir apenas o acréscimo de emendas, que modificam parcialmente ou derrubam algum item de uma legislação ou projeto de lei. Ou elaborar um marco regulatório ou derrubar ou criar uma medida provisória (MP). Isso vale para praticamente todas as casas legislativas.

Se a sua escolha for alterar uma lei federal, as propostas serão votadas em Brasília pelo Senado Federal e pela Câmara dos Deputados – e isso aumentará a lista dos tomadores de decisão. Caso a intenção seja mudar a legislação estadual, será preciso encarar a Assembleia Legislativa local. Se for municipal, precisará do aval dos vereadores. Quanto mais local, menor o número de políticos envolvidos, claro. E, na maioria das vezes, menor é a complexidade da estratégia.

A definição da esfera do poder que precisa aprovar o que você quer parece óbvia, mas não é. ONGs e ativistas às vezes se esquecem desse passo e partem para protestar ou marcar reuniões com políticos em Brasília, quando, na verdade, as decisões não cabem a esses. Justamente por isso, é importante fazer a pequena tarefa ao desenhar os objetivos.

COMO DEFENDER SUA CAUSA

Após a definição do tema, identifique o tipo de lei que interfere nele – federal, estadual ou municipal. Você pretende barrar ou criar um projeto de lei? Uma mudança nessa política deve fazer o quê? E quem poderá fazer essa mudança – o Congresso Nacional ou a Câmara de Vereadores de sua cidade? Em quanto tempo? Com base nessas respostas, extraia o primeiro objetivo.

Quando começaram as campanhas de conscientização para permitir a importação de medicamento à base de canabidiol, componente derivado da maconha, as organizações envolvidas sabiam da necessidade de pleitear mudanças na Agência Nacional de Vigilância Sanitária (Anvisa), o órgão responsável por fiscalizar e autorizar a entrada de substâncias proibidas no país. Um dos objetivos era facilitar a venda desses remédios no Brasil. A vitória veio em 2015, quando a Anvisa definiu os critérios de importação por pessoas físicas desses medicamentos.

No entanto, há outra batalha a ser travada por essas organizações: o custo dos remédios. Importar não sai nada barato. Fabricar no Brasil também não, exatamente porque, por ser a *Cannabis* uma substância ilegal, seus derivados precisam ser importados – a Justiça permitiu o plantio a alguns pacientes isolados e a uma associação de pacientes no Nordeste. O melhor dos cenários seria a regulamentação da *Cannabis* medicinal no país, para o que as organizações precisam pressionar os tomadores de decisão a regulamentar o cultivo e a fabricação da planta, por meio de um projeto de lei. Ou pressionar a Anvisa para acelerar os processos de regulamentação do cultivo nacional, que já tramita na agência. Veja: há caminhos diferentes para o mesmo objetivo. O Parlamento não monopoliza as diretrizes das políticas públicas do país. Você pode encontrar agências reguladoras ou outros órgãos que exercem influência e poder de decisão concretos sobre a sua causa.

Os custos envolvidos pesam – e muito – na escolha dos objetivos. Não só os custos para sua organização, mas também os custos para o governo. Se determinada alteração em uma legislação pesar muito sobre o orçamento, será mais difícil transformá-la em realidade, já que, de uma forma ou de outra, alguém terá de bancar esse gasto – talvez seja a própria população, com uma nova taxa, como no caso do lixo domiciliar nas cidades. Ou talvez a mudança exija um investimento governamental mesmo e uma realocação orçamentária – tirar um percentual da saúde para a área social, por exemplo. Por outro lado, pode gerar lucro. Por exemplo, estima-se que, se o cultivo de *Cannabis* para fins recreativos fosse legalizado por aqui, o país conseguiria um extra anual nas receitas de quase 5 bilhões de reais em impostos – mas, nesse caso, a liberação esbarra em outros obstáculos, não apenas financeiros.

Com a definição clara dos objetivos que você quer atingir, resta medir a força deles para ver se fazem mesmo sentido. Assim como na definição do problema, os objetivos precisam ser claros e específicos, e embasados em dados qualitativos e quantitativos que comprovem que eles realmente ajudam a resolver o tema/problema. Também ajuda (e muito) se você ou sua organização tiverem experiência prévia no assunto, se houver a possibilidade de estabelecer parcerias com outras organizações, líderes e pessoas influentes dispostas a contribuir e vontade política para encaminhar esses objetivos – pense que, em um momento de recessão e corte de gastos, uma demanda por mais verbas para uma área tenderá a não ser atendida. Outros sinais que indicam chances de sucesso na escolha dos objetivos são: risco baixo para a sua organização (há algum risco, por exemplo, de que a consecução do objetivo acabe com a reputação da sua organização ou empresa?); a possibilidade concreta de que sejam atingidos

COMO DEFENDER SUA CAUSA

de cinco a dez anos; e o tamanho do impacto na resolução do problema caso sejam obtidos. Mais uma vez, faça uma espécie de ranking para cada um desses critérios. Quanto maior a pontuação, maiores as chances de sucesso.

Em resumo

- Nada sairá bem-feito sem a definição exata do que você quer fazer. Muito menos se seus objetivos não forem sustentados por evidências, pesquisas e estudos prévios.
- Você precisa definir de três a cinco objetivos ligados às causas-raízes identificadas no passo anterior.
- Ainda que o ideal seja estipular objetivos concretizáveis em até cinco anos, pode ser que esse prazo se estenda um pouco.
- Assim como na definição do problema, seus objetivos precisam ser claros, concisos, baseados em evidências.
- Um bom objetivo sempre se inicia com um verbo de ação, seguido pelo que será feito, por quem e em até quanto tempo. Por exemplo: "Aprovar nova lei sobre pesca artesanal no Congresso Nacional até 2025", ou "Em até um ano, aprovar decreto municipal na Prefeitura e na Câmara de Vereadores que garanta a abertura da Avenida X para lazer".
- Dos objetivos de uma estratégia de advocacy, pelo menos um tem que buscar impactar uma política pública e outro tem que almejar conscientizar parte da população sobre aquele problema.

Perguntas orientadoras

- Que tipo de lei pode ajudar a resolver o problema: nacional, estadual ou municipal?
- Seus objetivos resolvem as causas-raízes do problema?
- Há algum risco, por exemplo, de que atingir o objetivo acabe com a reputação da sua organização ou empresa?
- Os objetivos definidos podem ser atingidos entre cinco a dez anos?

Para ir além

- www.endeavor.org.br
- www.actbr.org.br
- www.atlanticphilanthropies.org
- www.politize.com.br

5
MAPEIE OS TOMADORES DE DECISÃO

Cientistas que estudavam a biodiversidade brasileira pararam em 2001. Uma medida provisória (MP) colocou freios na exploração dos nossos biomas. Era compreensível. Sem uma legislação específica, qualquer estrangeiro poderia passar por aqui, coletar algumas plantas, levá-las para o exterior, produzir um medicamento ou cosmético e patenteá-lo. Ou entrar em contato com povos tradicionais e descobrir novos usos para substâncias naturais e lucrar com a comercialização desse conhecimento. Tudo sem deixar um centavo pelas bandas de cá – nem para o governo, nem para os povos tradicionais. Essa prática tem nome: biopirataria. O que a medida provisória de 2001 queria era acabar com essa exploração gratuita, sem qualquer bônus ao país.

Não era novidade. O texto seguia à risca as normas de acesso aos recursos genéticos e de proteção ao conhecimento tradicional negociadas quase dez anos antes, durante a Eco-92, no Rio de Janeiro, e expressas na Convenção da Diversidade Biológica. Antes do acordo, todo recurso natural era considerado um bem comum da humanidade, e por isso qualquer um poderia explorá-lo. No fim das contas, quem

COMO DEFENDER SUA CAUSA

levava a melhor eram as empresas com mais tecnologia. E os países com maior diversidade ambiental não ganhavam nada em troca – nem dinheiro, nem capacitação tecnológica. A intenção da convenção e da MP era colocar um basta na festa e ditar regras mais rígidas para todos, com maior proteção e repartição de benefícios sobre o patrimônio genético entre o país e os povos tradicionais.

Só que o tiro saiu pela culatra. A MP travou não apenas a investida de empresários estrangeiros, como também de pesquisadores brasileiros. Desde a publicação das novas regras, em agosto de 2001, quem quisesse explorar esses recursos precisaria de um aviso prévio do Conselho de Gestão do Patrimônio Genético (CGen), um órgão ligado ao Ministério do Meio Ambiente mas composto de representantes de vários outros órgãos oficiais. E teria de negociar os valores dos royalties cedidos à União e aos povos tradicionais antes mesmo de iniciar as pesquisas e de saber se dali sairia algum produto. Era um processo burocrático que, de fato, freava a biopirataria, porém também travava o desenvolvimento de pesquisas brasileiras com uso da biodiversidade nacional.

Para a Natura, era interessante reverter esse quadro de paralisia nas pesquisas. O que significava lidar não somente com o Poder Executivo, por meio do Ministério do Meio Ambiente, mas também com o Congresso Nacional. Era a única forma de derrubar a medida provisória e criar uma lei do uso da biodiversidade. Isso envolvia muita gente tomando a decisão. Mais precisamente, 513 deputados federais e 81 senadores. Como executivo da Natura, tratei de cuidar dessa imensa lista – a terceira fase de elaboração de um plano de advocacy –, sem deixar ninguém de fora. Precisávamos saber com quem deveríamos conversar, de quem deveríamos fugir e com quem poderíamos contar com total certeza (por defender pautas semelhantes). Só havia um problema:

o mapeamento exigia o perfil de cada um dos 594 rostos que debateriam a ideia de um marco regulatório. Cada um deles com especificidades e interesses diferentes.

Antes de contar sobre a nossa estratégia, vale lembrar brevemente como funcionam as casas legislativas do país. Quase toda lei ou reforma em nível nacional precisa passar pelo aval da Câmara dos Deputados e do Senado. Em plenário, um projeto de lei ou uma medida provisória ganha uma votação se a maioria dos deputados presentes concordar com a aprovação. Caso seja um projeto de lei complementar, a maioria absoluta da casa (mais de 50% do total de parlamentares eleitos) precisa dar um parecer favorável ao PL, em dois turnos de votação. Se a proposta for de emenda à Constituição (como a famosa PEC 241, que congelou os gastos públicos por 20 anos), precisa de uma maioria massacrante: aprovação de três quintos dos parlamentares, com votação também em dois turnos. É um caminho longo e por vezes complexo. Nos níveis estadual e municipal, o processo legislativo é um pouco menos complexo, mas igualmente desafiador para quem não entende do assunto.

Há também maneiras de fazer uma pauta avançar, como nas comissões das casas legislativas. Em todas elas (Senado, câmaras municipais, estaduais e federal), os deputados e deputadas se dividem em comissões temáticas permanentes, como a Comissão de Direitos Humanos e Minorias, a de Meio Ambiente e Desenvolvimento Sustentável, a de Turismo, entre outras. Quem indica os representantes dessas comissões são os líderes de cada partido – e a composição delas segue o tamanho da bancada. Ou seja, grosso modo, se um partido tiver 10% do total de deputados eleitos, terá direito a 10% das vagas em cada comissão. Algumas são permanentes; outras são temporárias, criadas apenas para debater um assunto específico e, após os debates e as investigações, deixam de

COMO DEFENDER SUA CAUSA

existir – como, por exemplo, a comissão externa para apurar o rompimento da barragem da Vale no Córrego do Feijão, em Brumadinho, Minas Gerais, em janeiro de 2019. O Senado funciona da mesma maneira.

Em alguns casos, esses grupos podem decidir sozinhos se aprovam ou não uma nova política pública. Primeiro, eles se reúnem para debater e dar um aval técnico a todos os projetos de lei relacionados ao tema proposto pelos parlamentares, ou podem criar seus próprios PLs. Na maioria dos casos eles têm até 40 sessões, que acontecem de terça a quinta-feira, para concluir a avaliação do PL, e só pedem mais agilidade em casos de projetos prioritários (até dez sessões) ou de urgência (no máximo, quatro sessões). Se, após cinco sessões da conclusão dos trabalhos, pouca gente se interessar em levar o PL ao plenário, vale a decisão tomada pelos membros da comissão. Por "pouca gente", leia-se ao menos 10% dos parlamentares – se esse total de deputados ou senadores não entrar com recurso para exigir uma votação, o projeto passa para a próxima fase (aprovação do Senado ou da Presidência).

Claro que nem tudo pode ser aprovado ou rechaçado por meia dúzia de parlamentares reunidos em uma comissão: Isso acontece em casos específicos e geralmente relativos a questões de baixa importância. Na maioria das vezes, o PL precisa obrigatoriamente passar por votação em plenário. Não tem como contornar.

O processo legislativo não é simples nem fácil de entender. E muda bastante conforme o nível: se você precisar mudar uma lei municipal, na Câmara de Vereadores de sua cidade, o processo é um; já se quiser aprovar uma lei no nível federal, como queríamos na Natura, o caminho é bem diferente, no Congresso Nacional. Para se atrever a liderar uma estratégia de advocacy, você precisa entender bem esse processo – ou se aliar a alguém que entenda, como veremos no capítulo 8. Busque se aprofundar no entendimento de como são feitas as leis. E nunca é demais lembrar o que vimos nos capítulos anteriores: não queira sair mudando leis em Brasília se nem uma articulação na sua cidade você é capaz de fazer. No caso da Natura, era necessário, sim, atuar em Brasília e criar um marco regulatório para a biodiversidade. Era um desses quadros complexos, sem escapatória. Exigia a pesquisa sobre cada um dos quase 600 parlamentares, afinal todos se envolveriam no debate. Ou a gente entendia com quem iria lidar, ou o projeto cairia em um dos limbos políticos de Brasília.

Foi aí que desenvolvi um método para mapear todo o Congresso Nacional e revelar possíveis aliados, isentões e potenciais "adversários". Num longo trabalho de pesquisa, elaboramos um perfil sobre cada um deles. Criamos uma tabela que tinha indicadores em três dimensões: liderança, proximidade e valores/ética. Queríamos saber, com base em evidências, quais eram os parlamentares que exerciam maior poder de liderança, quais tinham maior proximidade com a questão da biodiversidade e com a empresa, bem como aqueles que se encaixavam ou não nos padrões éticos exigidos pela Natura.

A primeira experiência foi "caseira" mesmo. Colocamos o nome de todos em uma tabela de Excel, seguido de algumas perguntas-chave: Preside comissão ou partido? Figura entre os cabeças mais influentes do Congresso, segundo o Departamento Intersindical de Assessoria Parlamentar (Diap)? Tem proximidade com o tema (trabalhou como relator em pauta semelhante) ou com a Natura? Seus valores e suas crenças se alinham com os da empresa? Esta última era basicamente para excluir de nosso radar de negociações os deputados e senadores condenados ou com denúncias graves.

COMO DEFENDER SUA CAUSA

Por fim, a cada um era atribuída uma pontuação de acordo com as respostas. Fernando Gabeira, por exemplo, era deputado federal e pontuava em vários critérios: presidia uma comissão, tinha crenças alinhadas com as nossas, além de proximidade com o tema e com a Natura. As chances de ser um aliado eram grandes – isso valia para os 20 maiores pontuadores da lista. Estavam, assim, definidos os alvos prioritários com quem tentaríamos um diálogo mais próximo tendo em vista uma parceria. O principal nome entre eles, na época, era o da senadora Marina Silva. Alinhada aos ideais de sustentabilidade, Marina defendia projetos de proteção do meio ambiente e já tinha apresentado um projeto de lei de uso sustentável da biodiversidade, além de ser uma personagem em ascensão no Senado – tamanha projeção viria a impulsionar sua candidatura à Presidência em 2010. Era a campeã da causa, a maior aposta entre os tomadores de decisão.

Esses grandes nomes, batizados de "campeões da causa", dificilmente se recusam a brigar pelo projeto e ainda têm credibilidade o bastante para convencer outros legisladores. Por isso, são essenciais na estratégia de advocacy. Entretanto, isso não quer dizer que o trabalho com eles se limite a esperar que tomem atitudes. Campeões de causa precisam de informações em primeira mão, pois só com evidências suficientes conseguem defender a causa.

De volta ao ranking, os menos pontuados foram deixados de lado. Seria um esforço em vão convencê-los a se unir ao projeto. Não vale a pena gastar energia com pessoas claramente contrárias à pauta. Seria como tentar convencer o ex--deputado federal Jean Wyllys a dar um parecer positivo a um PL desfavorável à causa LGBTQIA+, como a revogação do casamento entre pessoas do mesmo sexo. Ou conversar com membros de um partido ultraconservador sobre implementar materiais de educação sexual nas escolas. Nos dois casos, a tentativa soaria como piada pronta, uma completa perda de tempo.

Também não dava para falar apenas com convertidos. Precisaríamos conversar com mais atenção e cuidado com todos os nomes que figuraram do meio para cima na tabela; precisávamos do aval deles para transformar em realidade o marco legal da biodiversidade. Não se faz uma lei como essa apenas com a simpatia e a adesão de 30 parlamentares. Não foi fácil. Ao longo de três anos, a Natura e outras organizações da coalizão em torno da agenda pela biodiversidade participaram de diversas audiências públicas com deputados e senadores para aprovar o novo marco.

Mapear o cenário político é parte essencial da estratégia de advocacy. Sem conhecer os atores, você não tem como saber com quem poderá contar, quem deverá convencer a jogar do seu lado ou os opositores mais ferrenhos. Entrar numa disputa política sem fazer esse mapeamento é tão ineficiente quanto entrar em uma guerra sem conhecer os próprios soldados, o campo de batalha e os oponentes. Ou quanto montar um time de futebol aleatoriamente, com o goleiro jogando como centroavante. Ou, como diria Jim Shultz, fundador e diretor executivo do Democracy Center, é como jogar xadrez sem avaliar a disposição das peças no tabuleiro.

Outros influenciadores

Padre Ticão era, havia décadas, figura carimbada nas comunidades da zona leste de São Paulo. Administrador da paróquia São Francisco de Assis, no bairro Ermelino Matarazzo, acumulava papéis importantes em várias conquistas: na construção da unidade leste da Universidade de São Paulo, do Hospital Ermelino Matarazzo, de centros de con-

COMO DEFENDER SUA CAUSA

vivência para idosos e de recuperação para crianças com deficiência, parques etc. Suas palavras reverberavam nas comunidades.

Reverberavam também em Heloísa Proença. Secretária de Urbanismo e Licenciamento da capital paulista durante os quase dois anos de gestão de João Doria Jr., Proença apareceu na lista de tomadores de decisão a serem contatados pela estratégia da Fundação Tide Setubal. Por motivos óbvios: qualquer projeto municipal de combate à desigualdade socioespacial precisa passar pelo aval dessa pasta. E, se Padre Ticão apoiasse os projetos da fundação, as chances de Proença fazer o mesmo seriam grandes.

Ninguém anda sozinho. Muito menos pessoas com cargos políticos. Por trás de cada nome existem outros tantos que o influenciam. Há políticos que representam a bancada evangélica – e dali tiram seus votos –, cujas decisões e opiniões, portanto, são influenciadas por pastores. Outros têm forte ligação com o setor empresarial, como o ex-prefeito de São Paulo e atual governador do estado, João Doria. O conhecimento detalhado desses personagens leva aos nomes de quem trabalha nos bastidores por eles, e é preciso conhecer esses atores também.

Na etapa de mapeamento, a tarefa básica vem, mais uma vez, das pesquisas. Sem conhecer o histórico de Heloísa Proença (de onde vem, onde atua, a quem representa), não teríamos chegado ao fundamental nome do Padre Ticão. Interessado no desenvolvimento da zona leste, Ticão seria um aliado no convencimento da secretária. Não há uma quantidade certa de nomes que se deve pesquisar profundamente – isso depende da complexidade do projeto e do poder de cada tomador de decisão. No caso da Fundação Tide Setubal, escolhemos dez tomadores de decisão e buscamos seus influenciadores; no da Natura, selecionamos inicialmente

30 nomes, para depois fazer outros recortes. Nos dois casos, fizemos uma pesquisa interna para descobrir se havia conexão das organizações com cada um dos tomadores de decisão e seus aliados; se não houvesse relação, o melhor a fazer era descartar o influenciador e buscar outro – é sempre mais fácil dialogar com quem conhecemos.

Há ainda outros três grupos que devem entrar no mapeamento: os beneficiados, os avalizadores e os potenciais parceiros. Não dá para fazer advocacy sem conversar com os atores que são afetados diretamente pela medida e entender suas necessidades. Qual é o sentido de pensar programas sociais para a periferia sem envolver os moradores de bairros periféricos? É nessa pesquisa, inclusive, que você pode encontrar bons parceiros. Líderes comunitários, beneficiados diretos do projeto, ajudam a conquistar a opinião local e a pressionar os órgãos públicos.

Avalizadores, em geral, são pessoas ou instituições que pesquisam e atuam no assunto e são consideradas referência no tema – personalidades do mundo acadêmico, centros de pesquisa reconhecidos ou ONGs de renome, como, no caso da Tide Setubal, a Oxfam, que desenvolve pesquisas sobre desigualdades mundo afora. Em projetos locais, menores, esse papel costuma ser desempenhado pelos professores mais respeitados da cidade ou por alguém que atua na causa há muito tempo e é reconhecido por isso. Um beneficiado ou um avalizador podem virar grandes parceiros na causa. No advocacy, não há regras ultrarrígidas; tudo depende do projeto e da pesquisa prévia – lembre-se: até este momento, você ainda não coloca nada em prática, apenas pesquisa a fundo e traça estratégias. O plano só entra em ação após todos os processos descritos ao longo dos capítulos.

Sem radicalismos

Ana Amélia, ex-senadora eleita pelo Partido Progressista do Rio Grande do Sul, batalhou por avanços no tratamento de pacientes com câncer. Com uma lei aprovada em 2012, a gaúcha obrigou o SUS a oferecer os primeiros medicamentos e terapias em, no máximo, 60 dias após o diagnóstico. Também exigiu dos planos de saúde o pagamento de remédios a esses pacientes. Levantou, no Senado, campanhas como Outubro Rosa e Novembro Azul, meses de alerta sobre a importância dos exames de câncer de mama e de próstata, respectivamente. Até 2018, quando terminou seu último mandato, Ana Amélia recebia com frequência organizações ligadas à causa da doença para escutar suas demandas e lutar no Congresso para atendê-las.

Ela sabe bem das estatísticas do câncer. Mundo afora, o câncer de pulmão é o mais comum, com quase 2 milhões de casos por ano, e o que mais mata. Cerca de 90% dos casos são provocados por um vício: cigarro. No entanto, não vá querer puxar Ana Amélia para o time dos antitabagistas.

Quando o senador José Serra encabeçou um projeto de lei para proibir qualquer tipo de propaganda de cigarro e o uso de aditivos de sabor e aroma nesses produtos, Ana Amélia colocou panos quentes na discussão. De um lado, representantes da área da saúde voltaram a lembrar sobre os males da nicotina, tão conhecidos pela senadora, e os custos dos tratamentos; de outro, a indústria tabagista bradou sobre os prejuízos nas vendas e as consequentes perdas de arrecadação nos municípios produtores. Ana Amélia organizou a oposição ao projeto de lei substituto – para ela, era preciso pensar na economia dessas cidades.

Veja como funciona a política e o interesse de quem ocupa seus cargos. Ana Amélia não é incoerente. Como senadora, ela representava os interesses do Rio Grande do Sul, maior produtor de fumo do país. Essa indústria emprega 300 mil pessoas no estado, em diversos municípios, e rende um bom dinheiro aos cofres públicos. Por mais que lute por iniciativas de combate ao câncer, Ana Amélia não arriscaria a economia do estado – nem o apoio e o voto da indústria tabagista em futuras eleições.

Esse exemplo mostra como é importante pesquisar a fundo e sem radicalismo. Nem sempre as primeiras informações são suficientes para categorizar um político como aliado ou opositor.

Sua adversária política Gleisi Hoffmann, do PT, também serve de exemplo. Em entrevistas no começo dos anos 2010, a petista costumava se mostrar favorável à descriminalização da maconha. Entretanto, deixou o assunto para trás quando começou a se movimentar para se candidatar ao governo do Paraná, em 2014 (o que acabou não ocorrendo). Uma coisa é concorrer a um cargo para o Legislativo, em que não é preciso conquistar o voto da maioria. Já nas disputas majoritárias, como de prefeito e governador, a história muda. E o discurso também. Candidatos a cargos majoritários que têm pretensão real de ganhar tendem a focar questões consensuais e se afastar de temas polêmicos.

Como fazer

Antes de seguir adiante, você precisa conhecer e entender quem faz parte do jogo. Quem tem a capacidade de mudar as regras. Nem sempre a negociação envolve apenas o Legislativo. Seu objetivo pode demandar o envolvimento também de ministros ou secretários, sejam eles municipais ou estaduais. Com os objetivos bem definidos, você deve descobrir e listar quem tem o poder de decisão na pauta que deseja aprovar. Essa etapa é tão relevante que a Orga-

COMO DEFENDER SUA CAUSA

nização Mundial da Saúde, que faz advocacy mundo afora, considera o tempo gasto nela como o mais importante no planejamento das ações.

A pesquisa sobre os tomadores de decisão precisa ser profunda. Leve em conta todos os seus objetivos, de médio e longo prazo. Se a missão for aprovar uma lei federal, será preciso conhecer um pouco sobre todos os quase 600 deputados e senadores envolvidos na aprovação, na revogação ou na alteração da legislação – além de verificar se outros funcionários do governo têm poder decisório na questão. É preciso saber ainda a principal área de atuação de cada um dos parlamentares, as decisões e posturas que já tomaram sobre o tema (seja em votações anteriores ou em entrevistas à imprensa), o que escreveram ou disseram sobre ele, em quais comissões atuam e o poder de influência nas decisões tomadas na Câmara. Com essas informações, você entenderá a posição relativa de cada um deles em relação à sua causa, e chegará aos nomes dos possíveis opositores, indecisos, apoiadores e campeões da causa – estes últimos, seus maiores aliados na aprovação do projeto, sem dúvidas.

Ainda que o trabalho envolva apenas a Câmara dos Vereadores da sua cidade, a tarefa de selecionar os principais tomadores de decisão não é nada fácil. Só na capital paulista, 55 vereadores constariam nessa lista, sem contar os chefes das comissões e de órgãos que possam ser relevantes na aprovação do projeto. Para facilitar sua tarefa, você pode usar a técnica que desenvolvi com a Natura, citada nas páginas anteriores. Liste em uma tabela do Excel todos os tomadores de decisão e os critérios ligados à sua causa; depois atribua pontos positivos ou negativos a cada nome – por exemplo: se trabalha com a causa, ganha dois pontos; se se opõe a ela, perde dois; se é alguém com quem você ou sua organização tem relação, ou com quem já teve diálogo, ganha pontos etc. –; por fim, escolha os principais aliados e risque quem jamais toparia brigar ao seu lado. Vale mais a pena gastar energia com indecisos e neutros do que com opositores ferrenhos. Você precisa ter ao lado a maioria dos parlamentares, e não todos eles.

Para aprofundar o mapeamento dos nomes mais importantes, distribua-os em uma matriz que leve em conta o nível de conscientização sobre a causa (desconhece; conhece mas está mal informado; conhece e está bem informado; e expert) e a posição relativa sobre a causa (opositor; indeciso; apoiador; e campeão da causa), conforme a tabela a seguir.

	Opositor	Indeciso	Apoiador	Campeão da causa
Desconhece				
Conhece mas está mal informado				
Conhece e está bem informado				
Expert				

Com as informações sobre os parlamentares ou funcionários indicados pelo governo, você consegue visualizar melhor o cenário e, com isso, traçar ações mais eficazes para cada um dos grupos. Por exemplo, se você se encontrar com um decisor que é expert na causa, não vai gastar tempo explicando noções básicas para ele.

COMO DEFENDER SUA CAUSA

Em termos gerais, a primeira pesquisa envolve a atuação política conhecida de todos os parlamentares, principalmente em relação ao problema a ser resolvido. Baseado nisso, você descobrirá quem domina o assunto e quem nunca ouviu falar dele, assim como quem tem mais poder de influência nas tomadas de decisão. Ao fim, você chegará à lista de opositores, aliados e neutros. Sua energia deve ser investida nos aliados e nos neutros – esqueça por enquanto a oposição linha-dura, que representa um gasto em vão de tempo e trabalho. Esse é o primeiro passo. Mas a pesquisa não para por aqui.

Você precisa conhecer mais a fundo os personagens para saber quem são os influenciadores, aqueles que podem ajudar no convencimento da importância do projeto. Como saber quais interesses movem essas pessoas? Com a ajuda do Google. Com muita, muita, muita pesquisa. Faça algumas perguntas básicas – por exemplo, qual é a base eleitoral de tal político? Se ele tiver vencido uma eleição ou tiver interesse em disputar os próximos pleitos, há por trás dele uma base eleitoral bem definida. Todo político eleito representa grupos de interesse. Como regra geral, vale usar o bordão gringo popularizado na década de 1970 "follow the money" (ou "siga o dinheiro"), que sugere que o dinheiro (e o interesse por ele) deixa rastros que levam aos verdadeiros interessados. Ou seja, você deve descobrir os interesses econômicos que uma pessoa representa, quem ajudou financeiramente a elegê-la ou mesmo quem bancou sua indicação a um cargo público, seja o de ministro ou o de secretário municipal. É a partir dessa busca que você encontrará quem atua nos bastidores e influencia cada tomador de decisão.

Entretanto, apoio nem sempre significa dinheiro. Pode ser dado por um grupo que apenas indicou o voto, sem doar para a campanha. Por isso, cheque se o ator político é membro de alguma igreja, se tem ligação com sindicatos ou movimentos sociais. Pesquise a vida dessa pessoa – de onde veio, sua profissão, as causas que defende, onde mora. Pode ser que a pessoa tenha uma ligação forte com universidades. Se você descobrir, por exemplo, que o decisor fez um mestrado na Unicamp, pode encontrar ali um acadêmico capaz de influenciá-lo.

Além do posicionamento religioso, vale saber como o tomador de decisão, ou influenciador, lida com as normas culturais e morais da sociedade – se esse aspecto exercer influência em sua causa –, o histórico pessoal ou profissional com o tema, o posicionamento político e o que pretende nas próximas eleições (lembre-se: futuros candidatos a cargos majoritários costumam fugir de temas "menores" para conquistar a confiança da maioria do eleitorado).

A lista de influenciadores ajudará você a reunir mais argumentos para apresentar ao legislador – "Veja, esse projeto ajudará seu estado assim e assim", "Padre Ticão aprovou a ideia" etc. Dados recentes sobre os efeitos de sua proposta também são interessantes, assim como os impactos financeiros da pauta e a cobertura da mídia (quanto maior for a visibilidade alcançada, maior será o interesse da classe política no assunto).

Só que de nada adianta ter a relação de todos os nomes e zero ligação com eles. E aí vem a segunda etapa: pesquisar, dentro da sua organização, as conexões com cada legislador e cada influenciador. Digamos que um deles seja movido pelas opiniões da imprensa: você tem contatos em jornais para pautar as notícias? Senão, você deverá encontrar outro influenciador ou desistir de abordar o legislador. Ou seja, você tem dois trabalhos: pesquisar o decisor e seus influenciadores, ao mesmo tempo que olha para dentro e busca ligações com todos os personagens.

COMO DEFENDER SUA CAUSA

Os outros nomes do mapa – de avalizadores e parceiros – surgem basicamente da pesquisa prévia sobre o tema (a etapa em que você busca entender absolutamente tudo sobre o assunto, com pesquisas nacionais e estrangeiras). Nessa fase, você entrará em contato com a comunidade afetada e encontrará nomes para colocar na lista de prováveis parceiros.

Em resumo, ao final desta fase, você precisará ter respostas claras a algumas perguntas. Quem provavelmente se beneficiará das mudanças propostas (ainda que isso signifique apenas um ganho de capital político)? E quem pode se dar mal com essas mudanças (no caso de Ana Amélia, se fosse uma causa contrária à indústria tabagista, ela seria uma das "perdedoras")? Quem pode fazer as mudanças acontecerem? Quem reclama de pautas relacionadas ao tema? Quem são os grupos que podem ser afetados pelo projeto? Quem são os tomadores de decisão primários e secundários que se importam com essas questões? Qual é a sua relação com esses grupos, indivíduos e instituições levantados nas respostas às questões anteriores?

Identificados os principais nomes, vem outra etapa crucial da pesquisa: entender o contexto político no qual eles estão inseridos e seus interesses. Com isso, você conhecerá os entraves ao fortalecimento da sua causa e poderá contorná-los. É esse o assunto do próximo capítulo.

Em resumo

- O processo legislativo não é simples nem fácil de entender e muda bastante conforme o nível: se você precisa mudar uma lei municipal, o processo é um e se dá na Câmara de Vereadores de sua cidade; se quer aprovar uma lei no nível federal, o caminho é bem diferente, no Congresso Nacional.

- Mapear o cenário político é parte essencial da estratégia de advocacy. Sem conhecer os atores, você não sabe com quem pode contar, quem precisa convencer a jogar ao seu lado ou quem são os opositores mais ferrenhos.

- Assim que souber quem são os tomadores de decisão, faça uma tabela contendo todos e estabeleça um ranking: defina critérios objetivos e avalie cada tomador de decisão de acordo com esses critérios. Então, priorize os tomadores de decisão que estão no topo do seu ranking, isto é, concentre as ações naqueles que importam mais para você.

- Ninguém anda sozinho, muito menos pessoas em cargos políticos. Por trás de cada nome existem outros tantos que o influenciam, pelos mais diversos motivos. Na dúvida, "siga o dinheiro".

- É importante pesquisar a fundo e sem radicalismo. Nem sempre as primeiras informações são suficientes para categorizar um político como aliado ou opositor. Pesquise, pesquise, pesquise.

- Avalie a posição relativa dos principais tomadores de decisão em relação à sua causa: são apoiadores, neutros, opositores ou campeões da causa? Distribua-os em uma matriz que também considere o nível de conscientização deles sobre a causa: desconhece; conhece mas está mal informado; conhece e está bem informado; ou é um expert no assunto.

- Além dos tomadores de decisão e seus influenciadores, mapeie nesta etapa a rede de potenciais beneficiados (os grupos que, de alguma forma, se beneficiarão com a mudança de lei que você busca), avalizadores (aqueles que podem endossar a pauta) e parceiros (o capítulo 8 é dedicado a eles).

Perguntas orientadoras

- Quem serão os maiores afetados (positiva e negativamente) caso eu consiga transformar a minha causa em lei?
- O impacto em políticas públicas que eu busco através da minha causa está no nível federal, estadual ou municipal?
- Quem são os tomadores de decisão primários e secundários que se importam com as questões englobadas na causa?
- Quem influencia os tomadores de decisão?
- Qual é o nível de conscientização deles sobre a minha causa?
- Qual é a posição deles em relação à minha causa?

Para ir além

- www.camara.leg.br/entenda-o-processo-legislativo
- www.politize.com.br/poder-legislativo

6
MAPEIE OS OPOSITORES

Brian Wood nunca teve a ilusão de acabar com a venda de armas no mundo. Ele queria o básico: que esse comércio parasse de abastecer guerras civis, grupos terroristas e governos ditatoriais. Era impossível saber onde iam parar os milhões de armas militares vendidos no mundo. Sabia-se, no entanto, que, em 1994, boa parte delas abasteceu o massacre dos tutsis pelos hutus, duas etnias ruandesas. Sem regras internacionais, fabricantes podiam fazer negócio com qualquer país ou comprador. Wood, a Anistia Internacional e quatro ONGs queriam implementar regras para impedir a transação descontrolada de armas, na tentativa de enfraquecer os conflitos e salvar vidas. Uma espécie de código de conduta, com valor judicial, para o comércio de armas.

Nessa questão, só tem um problema: vender armas dá muito dinheiro. No Brasil, o terceiro maior exportador de armas leves do mundo, segundo a organização Small Arms Survey, esse comércio rendeu 591 milhões de dólares em 2014 (ano mais recente da coleta de dados). Por armas leves, entenda metralhadoras como a famosa AK-47, lança-foguetes, munições e pistolas. Ainda ficamos bem atrás dos Estados Unidos, os maiores vendedores de armas do mundo, que receberam

COMO DEFENDER SUA CAUSA

pouco mais de 1 bilhão de dólares no mesmo ano. No mundo, o comércio de armas movimenta cerca de 5 bilhões de dólares por ano.

E, como se vê pelo caso de Ruanda, a produção de armas nem sempre termina em mãos corretas. Num mercado escuso e obscuro, armamentos são desviados e abastecem guerras civis, organizações terroristas e mandatários de países sem qualquer respeito aos direitos humanos. Ou são vendidos legalmente a esses grupos. Como não há regras para a venda de armamentos, compra quem quer.

Em 2013, a brasileira Taurus, maior fabricante de armas da América do Sul, vendeu 8 mil itens para o Djibuti, um pequeno país no norte da África. Quem recebeu e repassou as mercadorias para o mercado interno foi o iemenita Fares Mohammed Hassan Mana'a. Oito mil armas brasileiras ajudaram a derramar sangue em um país em guerra desde 2015 – a Organização das Nações Unidas (ONU) estima que 14 milhões de pessoas passem fome no Iêmen. Essa transação não é única. Segundo o mesmo relatório da Small Arms Survey, o Brasil figura entre os países menos transparentes no comércio de armas. Isso significa que aqueles mais de 500 milhões de dólares em vendas podem estar subestimados. Isso sem falar nas incontáveis armas que abastecem as nossas próprias guerras urbanas, principalmente nas periferias.

No mundo todo, estima-se que 500 mil pessoas morrem todos os anos por causa do uso indevido de armas de fogo – uma pessoa por minuto. Ou seja, enquanto você lê esta página, uma pessoa acaba de ser morta a tiros.

Era óbvio qual seria o maior obstáculo de Brian Wood e sua coalizão: as fabricantes de armas e os políticos eleitos com seu apoio nos congressos do mundo todo. Seria um trabalho árduo contrabalançar a influência financeira e política dessas empresas. E seria ainda mais difícil por se tratar de uma luta em nível mundial – no capítulo anterior, falamos sobre a quantidade de atores envolvidos em um processo de advocacy com objetivos nacionais; pense só em configurar e estabelecer regras mundiais que afetem uma indústria bilionária! –, com opiniões vindas de órgãos internacionais, que, em sua maioria absoluta, apenas propõem, não obrigam ninguém a aceitar nada. Em 2013, com apoio e pressão da sociedade civil, comovida por campanhas e envolvida em petições on-line, após diversas negociações entre ONGs e embaixadores de uma série de países, nasceu o Tratado sobre Comércio de Armas, uma lista de critérios bem definidos para evitar violações de direitos humanos e prevenir o fortalecimento de células terroristas.

E então começou o trabalho de angariar a assinatura dos países. Nos Estados Unidos, a bancada da bala, pressionada pela National Rifle Association, maior grupo de lobby pró-armas do país, não queria assinar o tratado por acreditar que ele colocaria em risco o direito de todo civil de ter uma arma para chamar de sua, para "proteção pessoal" – papo tão em moda por aqui também. Porém, Brian Wood e sua coalizão se prepararam para o embate com a oposição, e, até o final de 2018, 130 países haviam assinado o tratado. Noventa deles, entre os quais o Brasil, ratificaram o acordo.

Todo processo de advocacy tem oposição, não importa qual seja a causa – mesmo aquelas com maior possibilidade de consenso –, especialmente quando contraria interesses financeiros. É fácil entender os motivos. Nenhuma mudança agrada a todos, principalmente aos profissionais da área envolvida. Sendo assim, identificar os opositores e os obstáculos (as pessoas e os processos que podem dificultar a aprovação e a implementação da causa) faz parte da construção de estratégias bem-sucedidas.

Nas estratégias que eu construo, costumo classificar da seguinte maneira: oposição/opositores são pessoas ou grupos total ou parcialmente contrários aos meus objetivos; e obstáculos são barreiras político-institucionais, burocráticas ou culturais que também podem atrapalhar o plano. Para cada opositor ou obstáculo, é necessário traçar um plano de ação que preveja os principais argumentos e dados usados contra a causa, isto é, o "poder de fogo" dos opositores, o nível de dificuldade para remover um obstáculo (que pode ser uma lei, a inexistência de uma lei, uma questão cultural etc.), e por aí vai. O importante é ter tudo mapeado e um plano para mitigar cada uma das oposições ou obstáculos.

Mais (dados) médicos

Nem todo enredo de advocacy se desenrola com clareza, e os opositores e obstáculos podem não ser evidentes. Você pode achar difícil de acreditar, mas o Brasil não registra a totalidade dos casos nem as etapas dos tratamentos de câncer no país, como ocorre com outras doenças, como HIV/aids ou Chikungunya. Se tivéssemos esses dados, poderíamos detectar em qual etapa falhamos no combate ao câncer e corrigir as políticas para salvar mais vidas. Então, por que não criar uma lei para tornar obrigatórios esses registros?

Para obrigar que todos os casos fossem registrados, seria preciso uma lei ordinária (o tipo mais simples de ser aprovado). Parece impossível que alguém se posicione contra uma lei assim, certo? Errado. Porém, em casos como esse, detectar a oposição ou os obstáculos não é tarefa fácil. E, por isso, eles exigem ainda mais pesquisa. Nem todos os atores são movidos pelo interesse financeiro (embora esse seja um elemento importante a ser investigado logo no começo de qualquer estratégia de advocacy). Alguns se movimentam por reconhecimento, por manutenção de *status quo* ou espaços de poder. Ou mesmo por questões emocionais.

O Go All, grupo que ajudei a conceber e criar, era formado por empresas e associações da área da saúde. Seus membros batalharam em conjunto para enfrentar a primeira e trabalhosa etapa de delimitar um tema e depois chegar a um projeto em comum. Em 2015, quando ainda levava o nome de Go ONGs, o grupo reuniu farmacêuticas e entidades de defesa de pacientes com o propósito de fazer com que cada brasileiro tivesse acesso ao melhor da prevenção, do tratamento e da cura do câncer. Cada entidade que fundou o Go All já defendia os interesses de pacientes com um dos tipos dessa enfermidade – e não são poucos: mais de 100 variações, que podem acometer até 60 órgãos. Encontrar uma causa em comum para fazer advocacy levou um bom tempo. Reuniões, entrevistas com especialistas da área e com profissionais da saúde mostraram um problema que unia todas as instituições: faltavam dados sobre o câncer e os tratamentos no Brasil.

Na prática, quase ninguém sabe o que acontece com os pacientes ao longo dos meses, após o diagnóstico. Não há como checar quando as sessões de radioterapia ou quimioterapia começam e terminam. Muito menos quando os pacientes recebem alta ou falecem por causa da enfermidade. Até existem, na verdade, três sistemas de registro, mas são falhos por não incluírem todas as cidades e hospitais brasileiros – às vezes contabilizam apenas pacientes localizados nas capitais. O principal deles é o Sistema de Informação do Câncer (Siscan), que, segundo uma portaria do Ministério da Saúde, obriga o registro de todos os casos. Obriga, mas não pune quem não cumpre. E, devido a deficiências tecnológicas, apenas 10% dos pacientes entram nesse banco de dados. Ou seja, os casos seguem subnotificados. Para se ter ideia, em 2015, quando começaram as pesquisas do Go All, os registros oficiais do Instituto Nacional de Câncer (Inca) apontavam 68 mil brasileiros em tratamento de câncer. Médicos e especialistas do governo acreditavam que, na verdade, entre 800 mil e 900 mil pessoas encaravam a doença no Brasil naquele ano.

E isso tem relevância, como temos percebido mais claramente com a pandemia do novo coronavírus. Com informações sobre casos diagnosticados, estágio da doença, entre outras, pesquisadores conseguem saber qual tratamento é mais eficaz. Ou em que localidades a incidência de determinadas neoplasias tende a ser maior ou menor do que a média mundial – ou nacional. Ou as regiões que tomam mais tempo para iniciar os tratamentos. A informação leva a políticas públicas bem mais precisas e eficazes. Só com informações amplas o Ministério da Saúde pode destinar mais verba para cidades com taxas maiores da doença e nas quais ainda faltam equipamentos para tratamento e até para exames simples, como o papanicolau (usado para detectar câncer no colo do útero). É como tirar a venda dos olhos. Ou colocar óculos de mergulho e enxergar com clareza o fundo do mar. Dados funcionam assim. E orientam as melhores políticas públicas.

Lá fora, isso é bem mais comum. No Canadá, a maioria dos estados obriga o registro de casos de câncer. E quem não cumpre leva multa. Em Cuba, os próprios médicos precisam alimentar o banco de dados. Nos Estados Unidos, se a Central de Controle e Prevenção de Doenças (CDC) percebe que há subnotificação em algum lugar, um técnico vai até lá e faz ele mesmo os registros no Programa Nacional de Registros de Câncer (NPCR). Depois vem a conta: se não fazem por si, laboratórios ou médicos pagam pelo serviço prestado pelo CDC.

Foi daí que surgiu a inspiração da Go All, que definiu a estratégia de advocacy no começo de 2018 e traçou dois objetivos: conscientizar a população sobre a importância dos dados no combate ao câncer e exigir a aprovação de uma lei que obrigasse o registro em um sistema nacional de todos esses dados. Ou seja, um mapa completo do tratamento do câncer no Brasil. Um mapa que mostrasse como prevenir a doença e tratar melhor os pacientes brasileiros. Quem seria contra algo tão bom? Muita gente. Por um motivo até óbvio, ainda que controverso: dá mais trabalho. A cada consulta, a cada diagnóstico ou a cada nova dose de quimioterapia, alguém precisaria registrar esses dados.

Era ano de eleição. E por isso havia necessidade de rapidez. Havia entre os membros do Go All um consenso de que, se o projeto de lei não fosse aprovado logo, as coisas ficariam mais difíceis. Começo de governo, troca de ministros, Congresso novo, reformas prioritárias. O PL corria o risco de cair no limbo se não fosse discutido e aprovado até o final do ano.

Havia um caminho mais curto: trabalhar apenas com o Executivo e cobrar a publicação de uma portaria que obrigasse a realização dos registros. Só tinha um problema: portarias podem ser derrubadas por qualquer novo ministro. E você sabe: o cargo de ministro no Brasil é tão estável quanto o de técnico de futebol – vira e mexe, cai um. Todo o trabalho poderia ser perdido do dia para a noite.

O Go All estabeleceu, então, entre os objetivos, o de batalhar por um projeto de lei. Um bastante simples e genérico, que não especificasse como fazer os registros, qual sistema usar nem qual seria a punição a quem não cumprisse a lei. Sem tantos detalhes, os debates não se prolongariam, e a lei poderia passar antes de o novo presidente assumir as rédeas do país.

Com a ajuda da deputada Carmen Zanotto, autora do projeto de lei e campeã da causa nesse tema, a Lei nº 13.685 ganhou o aval do Congresso ainda em 2018. E teve a aprovação do Senado e do ex-presidente Michel Temer antes da virada do ano. Entretanto, ainda há pela frente outras longuíssimas batalhas: fazer que o Ministério da Saúde defina as regras de funcionamento dos registros – a regulamentação da lei – e acompanhar os trabalhos de notificação. E isso não aconteceu até hoje por diversos motivos, sendo o mais importante, sem dúvida, a pandemia de 2020/2021, que está sugando todos os esforços do Ministério da Saúde. Assim, não há previsão de quando a lei será regulamentada. O advocacy não acaba quando uma lei é aprovada; é preciso continuar o trabalho até que ela seja regulamentada e implementada, para que a mudança efetiva aconteça.

Obstáculos

Se toda ação tem reação, todo advocacy tem oposição. Sempre. E é preciso se preparar para ela. A Go All inicialmente trabalhou com a negativa do Inca e de outras entidades médicas contrárias ao cadastro compulsório nacional do câncer, mas, ao se aproximar e dialogar com essas instituições, percebeu que havia um mau entendimento dos objetivos da lei e que, apesar de terem visões diferentes sobre a implementação, todos queriam melhores dados sobre o câncer.

Identificar as pedras no caminho não basta. É preciso encontrar maneiras de superá-las. A Fundação Tide Setubal jogou com os interesses políticos: diante da falta de vontade em reduzir desigualdades, ela montou argumentos para provar que ações daquele tipo poderiam melhorar a imagem de quem as apoiasse – todo político quer pagar de bom-moço, conquistar votos e ser reeleito. Diante da ausência de dados, criou ferramentas para aglutinar todos os dados, com a ajuda de universidades. Diante dos grupos ligados à construção civil e à especulação imobiliária contrários a projetos de redução das desigualdades, deu força e voz às periferias. Por fim, a fundação mostrou ao restante da população a importância do tema, com a ajuda da mídia - pautando veículos e jogando luz sobre os problemas e as consequências das desigualdades.

Para quase todo obstáculo, há uma solução. Ou uma maneira de torná-lo menos danoso. Quanto aos opositores mais ferrenhos, se não forem tão influentes no processo de decisão, resta ignorá-los. Se forem influentes, a estratégia precisa identificá-los, conhecer suas táticas de argumentação e motivos para a oposição e trabalhar para mitigar sua influência. Lembrando: opositores são pessoas; obstáculos são estruturas, culturas arraigadas ou processos já existentes. A lógica é a mesma para ambos: reconhecê-los e criar manciras de superá-los.

Como fazer

Se na etapa anterior a tarefa foi conhecer os possíveis membros de seu exército e o terreno da batalha (encontrar aliados e entender os processos de tomada de decisão), nesta fase você precisa conhecer os adversários - suas armas, estratégias, poder de influência em outros grupos - e encontrar maneiras de superá-los.

Você deve fazer uma lista completa dos opositores no meio político. Quais atuais candidatos a cargos-chave (como presidente ou governador) poderiam se mostrar contrários à mudança na legislação desejada pela sua ação de advocacy? Você precisa conhecê-los quase tão bem quanto seus aliados. Qual poder eles têm sobre os legisladores? Como argumentam com eles? Quais legisladores já se posicionaram publicamente contra o que você está defendendo? O que eles disseram? Ao conhecer os discursos contrários, você se prepara melhor para o jogo. Construa contra-argumentos.

COMO DEFENDER SUA CAUSA

Com relação aos obstáculos, algumas perguntas precisam ser analisadas e respondidas neste momento, com o intuito de avaliar o contexto geral primeiro. Existem problemas demográficos, geográficos ou fatores ambientais e culturais que podem complicar seu caminho? A Fundação Tide Setubal, por exemplo, compreendeu que o fator geográfico e demográfico – pense no tamanho do Brasil – dificultaria a sua ação se tentasse modificar uma lei federal. Melhor seria focar a cidade de São Paulo a princípio. Há leis ou regulamentações existentes que podem atrapalhar a realização da sua ideia? É preciso conhecê-las a fundo para poder transpassar entraves burocráticos; a Go All conhecia o processo regulatório do Brasil e optou por uma lei genérica. Assim como identificou problemas tecnológicos nos registros de enfermidades por aqui. Aliás, esta é outra questão: a falta de acesso à tecnologia representa um obstáculo?

Barreiras no contexto político também precisam entrar na lista dos obstáculos. Uma ação de advocacy para implementar a educação sexual nas escolas teria um obstáculo e tanto hoje: o atual presidente da República, Jair Bolsonaro, e seus aliados. Ainda assim, seguimos numa democracia, e, portanto, ainda há espaço para que atores da sociedade civil e a mídia atuem. Em casos internacionais de advocacy, como o do Tratado sobre Comércio de Armas, é preciso, na hora de pensar as estratégias, considerar a realidade de alguns países menos democráticos, que reprimem movimentos sociais e imprensa.

Com base no reconhecimento dos buracos no terreno, você deve buscar maneiras de superá-los. Liste os principais obstáculos que poderá enfrentar ao longo da batalha e também ideias para superá-los. É possível que você não consiga lidar com eles. E tudo bem. O próximo passo do planejamento trata justamente de ter um olhar interno para a sua organização. É hora de descobrir quais são as suas forças e as suas fraquezas, com o intuito de superar os obstáculos e a oposição encontrados até aqui e atingir os objetivos estabelecidos nos passos anteriores.

Em resumo

- Todo processo de advocacy tem oposição, não importa qual seja a causa nem o potencial de consenso em torno dela.
- Se toda ação tem reação, todo advocacy tem oposição. Opositores são pessoas ou grupos contrários aos objetivos da estratégia de advocacy. Podem ser total ou parcialmente contrários. Já obstáculos são barreiras político-institucionais, burocráticas ou culturais. Para construir a estratégia, é preciso conhecer tanto essas pessoas ou grupos quanto essas barreiras.
- Para cada opositor ou obstáculo a ser enfrentado, é necessário estipular um plano de ação que leve em conta o poder de fogo dos opositores, isto é, os principais argumentos e dados usados contra a causa, e o nível de dificuldade para remover um obstáculo.
- O advocacy nunca acaba com a aprovação de uma lei; é preciso continuar o trabalho até sua regulamentação e sua implementação.

Perguntas orientadoras

- Quais atuais candidatos a cargos-chave (como presidente ou governador) poderiam se mostrar contrários à mudança na legislação desejada pela sua ação de advocacy?

COMO DEFENDER SUA CAUSA

- Quais legisladores já se posicionaram publicamente contra o que você defende? O que eles disseram?
- Existem problemas demográficos, geográficos ou fatores ambientais e culturais que podem complicar seu caminho?
- Há leis ou regulamentações existentes que podem atrapalhar a realização da sua ideia?
- Há vontade política em prol da sua causa, ou o pensamento dominante atual é contrário a ela?

Para ir além

- www.forumseguranca.org.br
- www.oncoguia.org.br
- www.abrale.org.br

7
AVALIE QUAIS SÃO
AS SUAS ARMAS

Uma coisa era certa no caso da Fundação Tide Setubal: ela tinha experiência na implementação de políticas públicas. Em dez anos de trabalho com os moradores de São Miguel Paulista, o bairro comemorou a construção de duas novas creches; vislumbrou o fim do lixo acumulado nas ruas – a região entrou no mapa de recolhimento da Prefeitura –; viu as escolas ganharem computadores com acesso à internet; passou a sediar dois Pontos de Leitura; viu a Capela de São Miguel Arcanjo e o mercado tradicional serem reformados; ganhou vias de acesso até a estação de trem. A experiência na região foi além: a organização aprendeu a engajar a sociedade para que ela mesma cobrasse ações do poder público, e a relação entre a comunidade e secretários, vereadores e prefeitos se estreitou. Os membros do projeto ganharam respeito e se transformaram em porta-vozes relevantes em questões de desigualdade social. E a população, arredia a princípio com a chegada dos forasteiros, mudou a sua percepção sobre eles.

Ainda assim, para atingir a cidade toda, a fundação precisava de ajuda. Ela sabia implementar, mas não avaliar o

COMO DEFENDER SUA CAUSA

impacto das políticas públicas. Pouco adiantava cobrar da Prefeitura mais transparência se não tivesse ideia de como avaliar todos os números. Não saberia, por exemplo, provar e demonstrar que uma das causas das desigualdades socioespaciais é a escassez de recursos destinados às periferias. Ou, em um exemplo fictício, investigar se a criação de Centros Educacionais Unificados (CEUS) ou a expansão de corredores de ônibus diminuem ou não essas desigualdades. A fundação tinha pouca experiência em lidar com estratégias de advocacy. Ou com as complicações do processo legislativo e de análise do orçamento público.

Não dava para vencer a batalha sem o domínio dessas armas, sem uma boa dose de evidências dos impactos das ações em São Miguel Paulista, sem conhecer a fundo os trâmites de um projeto de lei. Sem dominar essas áreas, seria impossível avançar, propor mudanças. E a fundação só chegou à conclusão de que não as dominava após uma autoavaliação intensa, honesta e sem rodeios. Elaborou um inventário completo do que possuía ou não dentro de casa – as ferramentas disponíveis e aquelas em falta. Isso foi essencial. É o primeiro passo na busca por parceiros. Não basta correr atrás de velhos conhecidos, entusiastas da causa, aqueles com quem você já está acostumado a trabalhar. Como qualquer organização que pretenda defender profissionalmente uma causa, a fundação precisava entender as suas fraquezas para, a partir delas, escolher bons aliados, se aproximar dos atores que poderiam lhe fornecer recursos essenciais para a vitória. Toda ação de advocacy precisa passar por isso.

No começo dos anos 2000, a Fundação Maria Cecilia Souto Vidigal encarou o mesmo processo, com uma ambição ainda maior: melhorar as condições básicas na primeira infância – desde o nascimento até os 6 anos de idade – com mais tempo de licenças-maternidade e licenças-paternidade, in-

LEANDRO MACHADO

vestimento em educação e creches, entre outras propostas. Ambicionavam um Marco Legal da Primeira Infância para guiar e priorizar políticas públicas. As premissas científicas embasavam a ideia. James Heckman, economista norte-americano, comprovou a eficácia dela: investir na educação dessa faixa etária gera um retorno de 7% a 10%. Analistas de Chicago, do Child-Parent Center, chegaram às mesmas conclusões: cada criança em situação vulnerável que tem acesso à pré-escola pública por meio período gera um retorno de 48 mil dólares à sociedade quando atinge os 20 anos – um retorno de 7 dólares para cada dólar investido. Com ensino logo cedo, essas crianças tendem a melhorar o desempenho escolar – sem necessidade de fazer reforço e com menos risco de repetência – e profissional. Tendem a ter uma vida mais próspera, com riscos menores de se envolver em crimes e acabar no sistema penitenciário. A soma desses fatores significa uma economia para o Estado que investe na primeira infância. Ou seja, quanto maior o investimento nessas idades, maior o retorno.

Por tudo isso, a Fundação Maria Cecilia Souto Vidigal decidiu lutar para aumentar a verba destinada a essas crianças. Nosso país seguia na contramão: pouco mais de 2% do PIB ia para a educação de crianças de 6 a 12 anos, e apenas 0,5%, para a primeira infância. A fundação queria reverter a lógica. Só que, para tanto, precisaria somar ao Estatuto da Criança e do Adolescente um novo documento que destacasse ainda mais a primeira infância. Criada há muitos anos, a fundação tinha em mãos uma série de ferramentas, a começar pelo bem traçado plano de advocacy. Em 2011, em parceria com a Universidade Harvard, nos Estados Unidos, a Faculdade de Medicina da Universidade de São Paulo (FMUSP) e o Instituto de Ensino e Pesquisa (Insper), a entidade estruturou o Núcleo Ciência pela Primeira Infân-

COMO DEFENDER SUA CAUSA

cia (NCPI). Foi a melhor sacada que poderia ter. Montou um curso para traduzir todas as descobertas da neurociência relacionadas ao tema, em conexão com a renomada universidade norte-americana. Anualmente, a fundação leva para lá uma série de políticos, especialistas e militantes da área. Além disso, ela havia mapeado os opositores e os campeões da causa. Nasceu assim o projeto do Marco Legal da Primeira Infância. Ao lado da fundação, estavam outras centenas de instituições – centenas mesmo! Só a Rede Nacional Primeira Infância somava 160 organizações públicas e privadas à época.

Com tanta gente e tanto investimento, à primeira vista pode parecer que a vitória estava garantida. Não faltavam recursos nem ferramentas. Mas não era bem assim. A fundação sabia que precisaria do apoio de toda a rede de parceiros. E um deles, o Instituto Alana, parecia relutante com a ideia. Havia o receio legítimo de que a priorização de investimento para crianças de 0 a 6 anos acabasse significando o abandono das faixas etárias mais avançadas. Segundo fontes do Alana, a organização via um risco, ainda que baixo, de um esvaziamento do Estatuto da Criança e do Adolescente. Como o instituto era parceiro da fundação havia décadas, não era uma possibilidade deixá-lo de fora, até porque ele tinha dois grandes ativos: a reputação positiva (cairia mal uma organização influente como o Alana discordar do Marco Legal) e influência no Congresso. Faltava à fundação, portanto, ajustar alguns pontos com organizações como o Instituto Alana para amarrar todos os parceiros pela mesma causa.

Como fazer

A avaliação honesta das armas que você possui ou não, assim como dos ativos e das necessidades, serve para identificar e relacionar as competências, as expertises e os recursos necessários para uma bem-sucedida ação de advocacy. Em resumo: é uma forma de entender todas as competências, armas e habilidades que você ou a sua organização possuem e identificar as que ainda precisa adquirir.

Esse inventário tem sempre como base os objetivos estipulados, ou seja, você precisa avaliar as ferramentas que serão necessárias para atingi-los. A história da Fundação Tide Setubal ilustra bem a ligação entre os objetivos e o inventário. Se a intenção fosse outra que não exigir do poder público transparência para avaliar como o investimento estimula ou não as desigualdades socioespaciais, não seria necessariamente primordial analisar dados e, portanto, a falta de experiência nessa área não seria um problema.

Perceba como as etapas se entrelaçam e se sustentam: é impossível delimitar os objetivos sem antes delimitar o problema; assim como a ausência de objetivos claros inviabiliza a criação do inventário. Cada etapa precisa ser muito bem construída. De forma geral, para fazer uma autoanálise a organização precisa levantar todas as competências disponíveis. Se o seu objetivo for mudar uma lei federal, você deverá se perguntar se tem braços suficientes para dar conta do trabalho. Avalie o nível de disponibilidade dos colaboradores para trabalhar na estratégia de advocacy: é alto, médio ou baixo? Faça o mesmo para descobrir quantos na equipe têm o potencial de se tornar porta-vozes influentes, quais têm bom relacionamento com tomadores de decisão e com a mídia. Nessa conta, você precisa considerar não apenas os recursos humanos disponíveis e o tipo de expertise de cada um, mas também os recursos materiais, inclusive orçamento. Só assim poderá avaliar se precisa (e é capaz de) contratar novos funcionários ou empresas especializadas em advocacy ou se precisará de aliados voluntários.

COMO DEFENDER SUA CAUSA

Em seguida, avalie as suas expertises. Qual é a sua experiência em comunicação, relações com a mídia e assessoria de imprensa? Quanto você detém de poder para formar coalizões e alianças e mobilizar bases? Como é a sua expertise em comunicação digital e políticas públicas? Tem familiaridade com o processo legislativo? Tem em mãos evidências suficientes para guiar o projeto e convencer os tomadores de decisão? Por fim, vale sempre repensar o tamanho do investimento necessário para defender a causa. É o momento de avaliar as possíveis soluções de financiamento. Com esse *checklist* pronto, defina os seus três maiores ativos e as suas três maiores necessidades. É com base nesse inventário que você decidirá quem vai convencer a entrar na briga com você – de nada adianta convidar organizações por pura camaradagem, entidades que possuem os mesmos ativos e carecem das mesmas ferramentas que você. Parceiro precisa trazer benefícios. E é esse o tema do próximo capítulo.

Em resumo

- Faça uma avaliação da sua organização: liste os ativos e as necessidades.
- Essa autoavaliação honesta das armas, dos ativos e das necessidades serve para identificar e relacionar as competências, as expertises e os recursos necessários para que uma ação de advocacy seja bem-sucedida.
- Esse inventário tem sempre como base os objetivos estabelecidos: avalie quais ferramentas serão necessárias para atingi-los.
- As etapas se entrelaçam e se sustentam: é impossível delimitar os objetivos se você não deli-

mitar o problema com clareza; assim como a ausência de objetivos claros inviabiliza a criação do inventário.

- Uma lista de possíveis ativos e/ou necessidades contemplaria: a expertise em formulação de políticas públicas, a experiência em advocacy, as evidências que sustentam a estratégia, a familiaridade com o processo legislativo, a experiência em relacionamento com a mídia, a presença de porta-vozes treinados, os recursos humanos que serão dedicados à implementação da estratégia, os recursos financeiros, entre outros.
- Dessa lista, destaque os seus três principais ativos e as suas três maiores necessidades. É com base nessas necessidades que você vai buscar os parceiros.
- Não basta ir atrás de velhos conhecidos, entusiastas da causa, ou daqueles com quem você já está acostumado a trabalhar. Qualquer organização que queira defender profissionalmente as suas causas usando o advocacy precisa buscar parceiros que agreguem algo de concreto à estratégia – de preferência, aquilo de que ela mais carece.

Perguntas orientadoras

- Você está preparado para uma batalha que deve durar entre cinco e dez anos?
- Quais são as suas três principais forças como organização? E onde estão as suas fraquezas, isto é, quais recursos lhe faltam para colocar o plano de pé?
- Você já realizou alguma parceria de longo prazo? Que aprendizados tirou?

COMO DEFENDER SUA CAUSA

- Quem são os potenciais parceiros que você mapeou nos passos anteriores e podem trazer os recursos que faltam para a sua estratégia?

Para ir além

- www.fmcsv.org.br
- www.ncpi.org.br

8
DEFINA OS PARCEIROS CERTOS

Diz um provérbio africano: se você quer ir rápido, é melhor ir sozinho; se quer chegar longe, é melhor ir acompanhado. As instituições seguem à risca essa sabedoria. A Go All nunca cogitou seguir por um caminho solitário – afinal, mudar uma legislação exige tempo e esforço, como você já compreendeu. E, como prevê o provérbio, levou mesmo um tempão. Fechar coalizões é algo que pede paciência e diálogo, sempre. Cada parceiro tinha expectativas e demandas diferentes. Foi preciso abrir mão de prioridades específicas em busca de uma necessidade comum. No fim das contas, levou cerca de dois anos para que os dez parceiros da Go All – que vão desde farmacêuticas a associações de pacientes e sociedades médicas – definissem objetivos capazes de agregar seus interesses. A espera valeu a pena. O fato de haver tanta gente reunida e disposta a lutar dá peso à causa. Ninguém podia dizer que se tratava de puro interesse da indústria farmacêutica quando outros atores importantes levantavam a mesma bandeira: a criação de uma lei pela notificação compulsória dos casos de câncer no país. É claro que uma das organizações isoladamente poderia levar a causa adiante – de fato, a Federação Brasileira de Instituições Filantrópicas de Apoio à Saúde da Mama (Femama) e o Instituto Oncoguia, duas das organizações que faziam parte da Go All, já se articulavam pela concepção do projeto de lei –, porém a reunião de tantas instituições deu ainda mais legitimidade à causa.

Legitimidade que, no caso da Fundação Maria Cecilia Souto Vidigal, poderia ficar comprometida caso não houvesse o apoio de outras ONGS do setor, como o Instituto Alana. Seria impossível criar o Marco Legal da Primeira Infância sem a ajuda dos parceiros. Legitimidade também foi o que a Base Nacional Comum Curricular (BNCC) ganhou quando a Fundação Lemann e dezenas de outras organizações abraçaram a causa conjuntamente – que se desenrolava desde os anos 1980, quando educadores pensavam novos rumos para a área, mas que só foi citada oficialmente em 1996, na Lei de Diretrizes de Bases da Educação Brasileira, e reavivada em 2014, após o Plano Nacional de Educação, para enfim ser aprovada pelo governo de Michel Temer nos anos de 2017 e 2018.

Entretanto, quando entram em cena os institutos, as fundações e as organizações de renome, outros parceiros podem perder espaço, inclusive na mídia. No caso da BNCC, quem virou o porta-voz mais ativo da ação de advocacy – tanto nas críticas quanto nas glórias – foi a Lemann, e as outras associações acabaram, de certa forma, não aparecendo tanto. É um comportamento natural da imprensa dar como exemplo a organização mais conhecida, mais renomada, que funciona como um chamariz para os leitores/telespectadores. Ou seja, na maioria das vezes, as organizações não controlam quem será citado na mídia. Na briga pelo Marco da Primeira Infância, a instituição que de fato organizou e investiu pesado na ação de advocacy, a Fundação Maria Cecilia Souto Vidigal, foi a que ocupou a maior parte do espaço dedicado à aprovação e à criação da nova regulamentação. Mas nem sempre é assim: às vezes, a instituição de maior renome aparece mais, ainda que não tenha contribuído pela causa tanto quanto outras. É preciso levar em consideração essa realidade. Há momentos em que você terá de abrir mão de exposição em troca de um empurrão extra na causa. O estabelecimento de parcerias não vale apenas para quando você quer impactar leis federais. A Fundação Tide Setubal, por exemplo, identificou inicialmente seis potenciais parceiros no âmbito municipal: Rede Nossa São Paulo, Fundação Ford, Update, Rede Internacional da Periferia, Instituto de Pesquisa Econômica Aplicada (Ipea) e parlamentares locais. Não foi nem de longe uma escolha aleatória. Lembra-se daquela autoanálise do capítulo anterior, com a relação de ativos e necessidades? Serviu como base para a fundação fechar essa lista. Cada um dos potenciais parceiros – e o tipo de parceria que poderia ser fechado – tinha uma razão de ser. Na Rede Nossa São Paulo, a fundação enxergou o bom relacionamento com o poder público e o recheado banco de dados regionalizados; a parceria seria no sentido de compartilhar informações e elaborar conjuntamente o planejamento e as estratégias. A Update poderia trocar a expertise em participação social e tecnologia – e havia chances reais de dar certo, já que eles demonstravam interesse em trabalhar com jovens da periferia –; não ajudariam no planejamento, mas poderiam compartilhar dados, desenvolver mensagens comuns e realizar consultas sobre o tema. Papel semelhante teria a Fundação Ford, com o bônus da reputação de seu nome, a bagagem de trabalhos com desigualdade e uma possível ajuda financeira. Uma parceria com a Rede Internacional da Periferia traria a sonhada legitimidade e pluralidade – e, juntas, as instituições poderiam criar mensagens sobre o tema encabeçado pela Fundação Tide Setubal. O Ipea agregaria dados, expertise em avaliação e credibilidade, além de trocas de dados e consultas.

COMO DEFENDER SUA CAUSA

Cada um desses parceiros vem com bônus e ônus, ganhos e riscos. É preciso avaliar os riscos antes de tomar decisões e abrir diálogo. E sempre haverá riscos, mesmo se a intenção for modificar políticas apenas dentro do bairro. Fora o risco de ver a sua organização perder protagonismo, parcerias podem trazer outros perigos. Os colegas de combate precisam ser fortes para mergulhar de cabeça na causa, dar prioridade a ela – ou então você os verá mudar de tema a cada nova onda. Lembre-se: uma ação pode durar 5, 10 ou 15 anos (basta ver os casos do combate à pena de morte nos Estados Unidos ou da regulamentação da venda internacional de armamentos, citados nos capítulos anteriores). Além disso, os parceiros precisam ter condições de se manter de pé até o fim do projeto. É preciso também considerar o risco político de se aliar a algum deles. Não há como fazer vingar um projeto mais progressista se a ele vier acoplado uma organização ultraconservadora que sempre foi contra a pauta. Se a sua ideia ainda conseguir nadar por fora da polarização política, é preciso avaliar bem os parlamentares-chave – ou os campeões da causa. Chegar na Assembleia ao lado de um porta-voz radical (ou de uma ONG extremamente crítica ao Parlamento) pode diminuir as chances de conseguir maioria no plenário.

Vantagens e desvantagens

Em suma: não se escolhe um parceiro sem motivo. Incontáveis vezes, vi projetos que cometeram o mesmo erro: formaram coalizões recheadas de organizações cuja parceria vinha de longa data, todas com mais ou menos a mesma atuação. A princípio, não há nada de errado nisso. Desde que essa não seja a razão principal para o estabelecimento das parcerias. Desde que exista uma razão clara para fechar a coalizão para além da amizade e da confluência de ideias. Um parceiro precisa agregar – sejam recursos financeiros, reputação ou expertise em áreas que você não domina. Em uma estratégia de advocacy, de pouco adianta ter uma parceria cheia de comunicadores profissionais e zero influência ou diálogo dentro do Congresso, ou nenhum banco de dados. É preciso encontrar parceiros que supram as deficiências e as necessidades da sua organização. Que tragam novas armas à batalha. Não adianta formar um time de velocistas se a briga não demanda velocidade. Em geral, alianças de sucesso reúnem organizações que já trabalham pelo tema ao lado de membros novos e alheios à causa, porém simpáticos a ela e que podem atrair um público mais abrangente e o apoio de setores diversos. Todos precisam ajudar na tarefa de mitigar a influência dos opositores e de persuadir os influenciadores neutros (ou potencialmente favoráveis) a tomar o lado da causa. No fim das contas, os parceiros devem estar ao seu lado para agregar, nunca para dificultar os processos ou fazer mais do mesmo. É preciso que estejam alinhados com os objetivos traçados – e que você esteja disposto a alterá-los ou repensá-los de acordo com os palpites e os conhecimentos dos demais membros da coalizão. Um risco clássico nessa etapa é reduzir o projeto a quase nada na tentativa de agradar a todos os parceiros, caso não haja consenso. Veja, nem toda parceria se define pela completa entrega e envolvimento em cada processo. Um parceiro preferencial pode palpitar na estratégia de advocacy, enquanto parceiros menos estratégicos têm funções diferentes, como de avalizadores ou apoiadores (na elaboração e na divulgação de mensagens, ou na doação de recursos e dados).

Como fazer

Consulte a lista de ativos e necessidades da sua organização. Procure parceiros que possam suprir essas necessidades – e só busque os que tenham os mesmos ativos que você se eles somarem credibilidade ou reputação à causa. O Fundo das Nações Unidas para a Infância (Unicef) define cinco características de um potencial parceiro de advocacy: igualdade, transparência, responsabilidade, complementaridade, foco no resultado. Defina três a cinco potenciais aliados – podem ser organizações, pessoas, alianças ou coalizões – que lhe proporcionarão experiência, recursos ou influência para conversar com os tomadores de decisão. Em seguida, faça como a Fundação Tide Setubal: liste as razões estratégicas para fechar cada parceria. Por que você gostaria de trabalhar ao lado dessas pessoas? São fáceis de dialogar? Trazem recursos que você não tem? Possuem um banco de dados e de informações relevantes sobre o tema? Já trabalham ou atuaram na área? Têm experiência em advocacy? Estão de acordo com os objetivos traçados? Não espere que cada potencial parceiro tenha todos esses recursos – de fato, é impossível encontrar um parceiro que atenda de uma vez a todos os requisitos, daí a necessidade de juntar um conjunto considerável de organizações ou pessoas para a causa. Entretanto, todos precisam ter no escopo de expertise algum desses elementos.

E certifique-se de que estejam comprometidos do início ao fim do projeto. De nada adianta um parceiro forte que pode abandonar o barco no meio da tempestade – às vezes até durante um dia de sol. Além disso, deixe sempre à mão uma lista de possíveis parceiros. Caso algum deles realmente saia no meio do caminho, você poderá substituí-lo rapidamente. Seu time precisa continuar completo até o final da partida.

Com os possíveis aliados mapeados, preveja os riscos das parcerias – abandonar o projeto é um deles. Se protagonismo é algo importante para você, lembre-se de que, em geral, organizações maiores e mais ricas tendem a ficar com o louro das vitórias e a comandar as decisões. Se quer ser o personagem principal, escolha parceiros do mesmo tamanho que o seu. Ou requeira dos mais poderosos apenas o suporte financeiro, ou outro tipo de apoio como coadjuvante, em troca da visibilidade e da reputação por apoiar a causa. Considere ainda os riscos reputacionais. Você pode se queimar junto a uma comunidade caso, por exemplo, se associe a uma organização que historicamente traz malefícios à região daquela comunidade.

Considerados os riscos, descreva o tipo de parceria que cada uma das pessoas ou associações pode firmar com você. As parcerias podem ser pontuais, como compartilhamento de informação e dados, desenvolvimento de mensagens comuns, consultas mútuas; ou então alianças e coalizões mais complexas e completas, com a elaboração conjunta do planejamento estratégico. Em qualquer caso, mas principalmente no segundo, esteja aberto e disposto ao diálogo.

Parcerias não surgem do dia para a noite: elas precisam ser costuradas e fortalecidas. É possível que, nas conversas com potenciais parceiros, a sua tese caia por terra. E não tem problema. Seus objetivos podem ser repensados e aprimorados com base na opinião de outras organizações. Só não deixe de bater o pé quando tiver convicção – fundamentada em evidências – de que o seu caminho funciona melhor. Não queira agradar a todos; se o fizer, o projeto pode se perder em meio a tantas opiniões e falhar ainda na etapa de planejamento.

Em resumo, você precisa avaliar os benefícios e os riscos de cada parceiro antes de convidá-los para entrar no

COMO DEFENDER SUA CAUSA

projeto. E as trocas só vão acontecer se houver interesse comum, ainda que haja diferenças entre as partes – seja na área operacional ou em áreas específicas de atuação, como no caso da coalizão da Go All. Fechar acordos com os aliados é essencial para ter sucesso em advocacy. Portanto, não considere como perdido o tempo gasto em formar alianças.

Com o time definido e alinhado com os objetivos, você precisará traçar as principais metas, tema do próximo capítulo.

Em resumo

- Diz um provérbio africano: se você quiser ir rápido, é melhor ir sozinho; se quiser chegar longe, é melhor ir acompanhado.
- Cuidado: quando entram em cena institutos, fundações e outras organizações de renome, outros parceiros podem perder espaço, inclusive na mídia, que habitualmente menciona a organização mais conhecida, cujo nome funciona como um chamariz para os leitores/telespectadores. É preciso levar essa realidade em consideração. Há momentos em que você terá de abrir mão de exposição em troca de um empurrão extra na causa.
- Estabelecer parcerias não vale apenas para quando você quer impactar leis federais.
- Cada parceiro vem com bônus e ônus, ganhos e riscos. É preciso avaliar bem antes de tomar decisões e abrir diálogo.
- Não se escolhe um parceiro sem motivo. Seu parceiro precisa agregar – sejam recursos financeiros, reputação ou expertise em áreas que você não domina.
- É preciso que os parceiros estejam alinhados com os objetivos traçados – e que você esteja disposto a

alterá-los ou repensá-los de acordo com os palpites e os conhecimentos dos outros membros da coalizão.

- O Unicef define cinco características de um potencial parceiro de advocacy: igualdade, transparência, responsabilidade, complementaridade e foco no resultado.
- Parcerias não surgem do dia para a noite: elas precisam ser costuradas e fortalecidas.

Perguntas orientadoras

- Você buscou parceiros que supram as necessidades levantadas no passo anterior?
- Os parceiros escolhidos estão alinhados com os seus objetivos de advocacy? Quais são as evidências disso?
- Os parceiros escolhidos têm histórico de bom relacionamento/parceria com outras organizações?
- Você está aberto a ceder em algum aspecto da sua estratégia para agregar um parceiro? Que aspecto?
- Você está preparado para uma parceria de longo prazo?

Para ir além

- www.basenacionalcomum.mec.gov.br
- www.alana.org.br

9
DEFINA AS METAS INTERMEDIÁRIAS

Os Estados Unidos caminham lado a lado com países controversos e autoritários, principalmente quando se trata de pena de morte. China, Irã, Arábia Saudita, Vietnã e Iraque compartilham a mesma política punitivista, com sentenciamento e execução de detentos por meio de decapitação, eletrocussão, enforcamento, injeção letal ou fuzilamento. Em todos os cantos da América, apenas os EUA ainda apostam nesse tipo de punição como solução de segurança pública; em 2020, 17 pessoas tiveram suas vidas executadas pelo Estado norte-americano, segundo dados da Anistia Internacional.

Já foi bem pior. Em 2006 – quando a Atlantic Philanthropies se formou com o objetivo de abolir a pena de morte nos EUA dali a duas décadas –, o número de execuções era mais do que o triplo: 53 pessoas tiveram a sentença cumprida naquele ano. Ainda é pouco se comparado a 1999: no fim do milênio, o país norte-americano aplicou injeções letais em 94 presidiários, eletrocutou outros três e forçou uma pessoa a inalar gás tóxico fatal. No acumulado desde 1976, 1.500 mortes foram cumpridas nas penitenciárias dos estados norte-americanos. Se considerarmos dados ainda mais

COMO DEFENDER SUA CAUSA

antigos, o país soma mais de 15 mil execuções legitimadas pela Justiça em pouco mais de três séculos.

Era audacioso esperar uma mudança tão brusca em tão pouco tempo. Numa cultura ainda atrelada à pena de morte, a Atlantic Philanthropies precisava dividir os seus três objetivos principais em tarefas menores. O primeiro deles era mudar o discurso público sobre o assunto, fazer com que os norte-americanos ao menos regredissem na radicalidade e desejassem prisão perpétua a esses condenados, em vez de pena de morte. Os dois outros objetivos eram influenciar a Suprema Corte para reduzir as sentenças desse tipo e aumentar o número de estados que proíbem a pena de morte. Só assim seria possível sonhar com o fim das execuções dentro de 20 anos. Esses grandes objetivos, por serem muito complexos, foram subdivididos em diversas metas intermediárias. Para mudar a percepção de um país sobre algo (objetivo), é preciso fazer uma série de campanhas, eventos, mobilizações (metas).

Deu certo. De 2007 a 2013, Illinois, Maryland, Connecticut e New Jersey aboliram a pena de morte. Em 2016, o número de condenações foi o menor desde 1990, com 20 mortes – e a quantidade de estados que de fato executaram condenados foi a menor em 25 anos. E, aos poucos, a população começa a mudar de ideia sobre a pena máxima. Em 2005, 66% se mostravam favoráveis à medida; em 2014, 60% concordavam com a pena de morte; em 2016, 52% dos americanos apoiavam a pena capital – uma mudança lenta e gradual.

Quebrar um objetivo em pequenas metas é como traçar um passo a passo para ter sucesso na empreitada, quase como um mapa com as coordenadas detalhadas para atingir o ponto-final. É a resposta à pergunta "Como fazer isso?". A Atlantic Philanthropies se perguntou como poderia zerar as execuções no país dentro de 20 anos e concluiu que, sem uma mudança na opinião pública, isso seria impossível. Constatou que, para mudar a opinião pública sobre um tema tão importante, não bastaria uma campanha, mas uma série delas ao longo do tempo. Em resumo, trata-se de quebrar os objetivos em pedaços menores e mais gerenciáveis.

Há casos em que um único desses passos pode levar tempo – anos, até décadas – e exigir investimento. A Fundação Maria Cecilia Souto Vidigal, que tinha como objetivo central a criação de um Marco Legal da Primeira Infância, criou uma série de ações e projetos centrados em um curso em parceria com grandes pesquisadores da área e levou lideranças de ONGs, pessoas influentes e tomadores de decisão para assistir às aulas em uma das melhores universidades do mundo. Não à toa, quem participou do projeto menciona o curso em Harvard como um dos grandes passos para o sucesso da aprovação do Marco Legal. A criação desse curso internacional foi apenas uma das metas da fundação no longo caminho até a aprovação da lei.

Já a Endeavor queria estancar a mortalidade das pequenas empresas brasileiras de alto crescimento, aquelas que serão as nossas grandes empresas do futuro, e só havia um caminho para mudar o cenário: difundir a mensagem entre os formadores de opinião, principalmente na imprensa, e colocar o tema dentro dos programas de governo dos principais candidatos à Presidência da República nas eleições de 2014, fazendo-os se comprometer com a causa, para, por fim, aprovar uma lei. A organização planejou o passo a passo dos objetivos, como se cada um fosse um projeto separado.

Há uma discussão sobre se a etapa de rascunhar o passo a passo, as metas intermediárias, deve ser logo após a definição dos objetivos ou um pouco mais para a frente, nas etapas finais. Pela minha experiência, é mais eficiente cumprir esta etapa depois da realização do balanço de ativos e necessida-

COMO DEFENDER SUA CAUSA

des da organização. Digamos que o objetivo é mudar uma lei, mas você concluiu que não tem experiência em advocacy; você só se deu conta de que essa não é uma das suas ferramentas disponíveis após fazer a lista de necessidades. Para dificultar, você não identificou nenhum parceiro capaz de auxiliá-lo nessa tarefa, ou porque lhe faltou grana, ou porque preferiu caminhar sozinho, ou ainda por diferenças ideológicas em relação a possíveis aliados que possuíssem essa expertise. Ante um cenário como esse, é mais lógico deixar para definir as metas ao final do processo, como eu costumo fazer, pois a primeira meta passará a ser justamente suprir a necessidade mais premente, no caso, aprender as técnicas de advocacy (meta, aliás, que você já começou a remediar lendo este livro!).

Na prática

Quando um morador da periferia desperdiça duas horas para se deslocar até o trabalho, toda a sociedade perde. Não apenas pela piora do trânsito, com ônibus abarrotados de gente, engarrafados no meio de carros, mas também pela queda de produtividade. Imagine quanto as pessoas poderiam fazer se não gastassem quatro horas por dia enfurnadas no transporte – um extra com bicos, um cuidado a mais com filhos, tempo de lazer, qualquer coisa melhor do que a imensurável perda durante os deslocamentos.

Elas não têm opção. O preço da terra é bem mais em conta nos lugares afastados dos centros, onde os salários são melhores. Só que morar longe tem um custo não apenas para as pessoas diretamente afetadas. O Estado, que não fomenta a criação de emprego em áreas periféricas, nem leva todos os serviços públicos para essas regiões, paga a conta de outras formas. O tempo maior no trânsito obriga os trabalhadores a inalar mais poluição, o que aumenta os riscos de doenças pulmonares; a falta de acesso à coleta de lixo e ao tratamento de água e de esgoto piora ainda mais o quadro de saúde.

Em janeiro de 2019, o Instituto Escolhas, uma associação civil sem fins econômicos, em parceria com o jornal *Folha de S.Paulo* e a Fundação Getulio Vargas, reuniu em São Paulo uma série de especialistas na área da administração pública para mostrar os custos escondidos nos empreendimentos do programa federal Minha Casa Minha Vida, de financiamento a baixo custo de casas próprias. Na mesma data, o instituto lançou a plataforma #Quanto é? Morar Longe, para mostrar quanto tempo, em média, os moradores da região metropolitana de São Paulo gastam em deslocamentos e os benefícios – de educação e segurança, por exemplo – que existem onde eles moram. Era uma forma de expor as desigualdades socioespaciais.

Apoiando a ação, figuravam rostos conhecidos da Fundação Tide Setubal, parceira do instituto. O evento e o estudo também fazem parte do planejamento de advocacy da FTS. Afinal, um dos objetivos era, "em cinco anos, criar lei municipal que regulamente a sistematização de dados territorializados sobre alocação de recursos públicos". Para isso era preciso, antes de mais nada, apoiar especialistas para que desenvolvessem estudos independentes na área. Era a primeira meta para alcançar o objetivo, a qual tinha prazo final em 2017. A segunda consistia em formar uma coalizão, com tarefas estabelecidas, como a realização de workshops, convidando possíveis parceiros, como o Instituto Escolhas.

A realização do evento se encaixava na terceira meta: engajar e mobilizar a sociedade. E aí valia a ajuda da mídia. Com o apoio da *Folha de S.Paulo*, que publicou uma matéria, o estudo ganhou visibilidade. Entretanto, apostar na imprensa não era suficiente. Outras três atividades estavam

COMO DEFENDER SUA CAUSA

previstas dentro dessa terceira meta: a criação de narrativas sensibilizadoras, a criação de e-mail marketing para divulgação do estudo e uma campanha on-line, todas previstas para 2018.

Por último, como o intuito era criar uma lei, era necessário influenciar os atores políticos. Todas essas metas se fechavam em torno desse objetivo específico – e ainda havia outros três, cada um com mais duas ou três metas. Perceba o detalhamento do plano de ação! A fundação planejou muito bem cada passo. Cada etapa detalhava as atividades, o responsável pelas ações (qual dos *stakeholders* ou parceiros), o resultado esperado, o prazo final, o orçamento, outras informações relevantes.

Smart

Todos os casos de advocacy narrados até aqui nos ajudaram a estruturar as metas com base em cinco critérios que formam uma sigla difundida em diversas metodologias: Smart. Cada letra corresponde a uma palavra em inglês.

O S corresponde a *Specific*, ou *específico*. Não adianta criar uma tarefa abstrata. Cito o meu objetivo pessoal como exemplo: eu poderia dizer apenas "quero difundir as práticas do bom advocacy para o maior número possível de pessoas". Não posso colocar no plano de ação algo tão vago quanto "informar um monte de gente", pois a pergunta "Como?" seguiria em aberto. Preciso de algo mais certeiro, do tipo: "Até 2021, quero lançar um livro sobre advocacy voltado a todos que queiram defender uma causa e transformá-la em lei".

A letra M corresponde a *Measurable*, ou *mensurável*. Só tendo indicadores e medindo-os é que podemos avaliar o resultado do projeto. No caso da Endeavor, o sucesso da meta de curto prazo significava a assinatura, pelos presidenciáveis, de um termo de compromisso em melhorar a Lei do

Simples; o objetivo de longo prazo era aprovar a lei. Era um objetivo palpável, ao contrário de "informar um monte de gente". Um monte de gente é quanta gente? Como avalio se informei "um monte de gente"?

A Atlantic Philanthropies nunca se desafiou a convencer 100% dos norte-americanos de que mandar parte de sua população carcerária para o corredor da morte era errado. Metas precisam ser reais. Ou *atingíveis* – o A da sigla: *Achievable*. Você pode até delirar e criar uma supermeta, mas o risco de nunca a atingir e se frustrar será grande. Dessa forma, o objetivo final também se afastará do caminho do sucesso.

As metas precisam ser igualmente *relevantes* (o R da sigla, de *Relevant*). Isso quer dizer que elas devem cumprir um papel básico: funcionar como um passo a mais rumo ao objetivo principal. Se uma meta não for ajudar em nenhum objetivo estabelecido, descarte-a. Lembre-se sempre de que as metas servem de norte para o objetivo, uma espécie de mapa com as coordenadas certeiras para não errar o caminho, e metas irrelevantes só vão fazê-lo perder o foco.

E foco exige prazo. No plano da Fundação Tide Setubal, cada atividade descrita em cada meta, voltada para cada objetivo diferente, estabelecia um *tempo-limite* – o T, ou *Time-Based*, de Smart. É necessário estabelecer datas para a conclusão das atividades. Caso contrário, ou você se enrola e procrastina, ou você se perde na ansiedade em fazer o projeto andar. Sem datas, você perde o controle do tempo. E fica sem saber se cada ação já deveria ter acabado ou não. Lembre-se: advocacy é planejamento. E todo planejamento pede um cronograma e prazos finais.

Como fazer

Em resumo, metas correspondem ao plano de ação para cumprir os objetivos, que, somados, resolvem o problema

COMO DEFENDER SUA CAUSA

estabelecido nos primeiros passos do plano de advocacy. É nas metas que você estabelecerá as atividades a serem cumpridas, o prazo e os parceiros com os quais as realizará – cada um deles pode ter uma missão específica; raramente todos participam de todas as etapas. A razão para a divisão de tarefas é intuitiva: alocar energia e esforço nas tarefas mais produtivas e assertivas para cada grupo. Dessa forma, você ganha tempo.

Reveja cada um dos objetivos e pense em como tirá-los do papel. Trace de três a dez metas para cada. Todas têm de representar um passo rumo ao objetivo. Não se esqueça das cinco características do Smart: as metas precisam ser específicas, mensuráveis, atingíveis, relevantes e ter tempo--limite, ou prazo final.

Para cada meta, liste uma série de atividades que podem ser realizadas e defina um público-alvo (classe política, parceiros, sociedade, imprensa, população envolvida). Como toda ação de advocacy envolve algum tipo de influência na elaboração ou na alteração de políticas públicas, você sempre precisará ter contato próximo com tomadores de decisão. Portanto, uma das metas sempre será fortalecer tais relações; liste algumas atividades que possam contribuir para o estreitamento desses laços – por exemplo, reuniões com conselhos participativos ou com possíveis legisladores aliados da causa, audiências públicas, palestras para gestores públicos etc.

Escreva o escopo dessas atividades. O que você pretende com uma reunião com os conselhos participativos? Você pode apresentar os estudos relacionados ao tema, provar a relevância em mudar ou criar tal lei. Em seguida, pense nas ações que precisará tomar para que a atividade (a reunião, no caso) tenha bons resultados. É preciso pensar e preparar um porta-voz. Se a ideia for promover a publicação de matérias na imprensa sobre o tema, a sua equipe de comunicação precisará enviar releases ou propor entrevistas exclusivas com o porta-voz do movimento. Por fim, estabeleça os resultados que espera obter. Se for, por exemplo, visibilidade para a causa, o melhor dos mundos é ter o seu estudo publicado nos principais veículos de comunicação do país. Defina prazos. Em quanto tempo você planeja concluir cada uma das metas? Em geral, em uma estratégia de advocacy, o prazo das metas varia de seis meses a três anos, dependendo da complexidade.

Defina também o custo de cada atividade para a sua organização. Se for maior do que você suporta, há duas saídas: pensar em novas parcerias que remedeiem esse problema, ou escolher outra atividade.

Com todas essas informações detalhadas, avalie as metas a fim de verificar se valem a pena e fazem sentido dentro da estratégia para cumprir o objetivo. Algumas perguntas ajudam nesse momento. A meta e as atividades dialogam com os principais interesses dos tomadores de decisão? Atingirão os principais interesses dos tomadores de decisão ou influenciadores aliados? Enfraquecerão a influência de grupos opositores? Tenho a expertise e os recursos para tocar as atividades? Que eventos futuros e datas significativas ou decisões governamentais podem ser oportunidades para realizar as ações de advocacy? A atividade traz algum risco para a organização?

Parece que tudo está pronto, mas ainda falta uma etapa essencial: estabelecer a mensagem central que você quer passar aos diferentes públicos. A defesa da sua causa depende disso. Um erro na comunicação e os obstáculos se multiplicam, como explicarei no próximo capítulo.

Antes de prosseguir, quero reforçar um ponto. A cada nova etapa, você pode descobrir algo novo em relação às

COMO DEFENDER SUA CAUSA

decisões anteriores. Por exemplo, os critérios de definição de parceiros podem mudar de acordo com o surgimento de novas necessidades – no caso da Fundação Tide Setubal, o Instituto Escolhas não constava na lista inicial de possíveis parceiros. O mesmo pode ocorrer com outros pontos do projeto, por isso esteja sempre aberto ao diálogo e às mudanças.

Em resumo

- Quebrar um objetivo em pequenas metas, mais gerenciáveis, funciona como traçar um passo a passo para ter sucesso na empreitada. É como desenhar um mapa com as coordenadas detalhadas para atingir o ponto-final.
- Há casos em que um único passo pode levar tempo, às vezes anos ou décadas, e exigir investimento. Mas essa não é a regra geral.
- Estipule metas Smart: específicas, mensuráveis, atingíveis, relevantes, com tempo-limite.
- Metas correspondem ao plano de ação para cumprir os objetivos, que, somados, resolvem o problema.
- Reveja os objetivos e pense em como tirá-los do papel. Trace de três a dez metas para cada um deles, pensando no público-alvo que pretende atingir com cada meta. Lembre-se: cada uma delas tem de significar um passo rumo ao objetivo.

Perguntas orientadoras

- Quais são as etapas necessárias para atingir os objetivos?
- As metas e as atividades que você estabeleceu dialogam com os principais interesses dos tomadores de decisão?
- Qual dos seus objetivos as metas ajudam a atingir?

- As suas metas são Smart?
- Alguma dessas metas pode representar um risco para a sua estratégia ou organização?

Para ir além

- www.escolhas.org
- www.atlanticphilantropies.org

10
CRIE UMA MENSAGEM ENGAJADORA

Nos anos 1990, a sociedade brasileira ainda dormia em paz, sem notar as crescentes altas nas taxas de homicídios causados por armas de fogo. Os números eram um alarme. Desde o início da década anterior, a taxa de pessoas mortas a tiros crescia cerca de 5% ao ano. Em dez anos (1980 a 1990), os números saltaram de 7,3 mil homicídios com armas a cada 100 mil brasileiros para 14,6 mil; e, no início dos anos 2000, para 20,6 mil. Percebendo a desatenção geral, um grupo de estudantes de São Paulo se uniu a organizações da sociedade civil, jornalistas, publicitários, atletas e artistas e lançou a campanha pelo desarmamento Sou da Paz. Era 11 agosto de 1997. Poucos meses depois, a campanha estourou: o grupo recolheu e destruiu 3.500 armas.

Tamanho sucesso levou à formação do Instituto Sou da Paz. As campanhas continuaram, sempre com esforços de mobilização popular e de pressão sobre o poder público para reduzir a circulação de armas dentro do país. Em 2003, o instituto conquistou a sua maior vitória: aliado a outros grupos, participou da criação e aprovação do Estatuto do Desarmamento, que estabeleceu regras para a compra e o porte de ar-

COMO DEFENDER SUA CAUSA

mas e punições mais severas para o porte ilegal e o contrabando. Desde então, para adquirir uma arma, é preciso ter mais de 25 anos, certificado obtido em cursos específicos, ficha limpa na polícia, residência, ocupação lícita e efetiva necessidade de possuir esses equipamentos. Ainda assim, o portador não pode sair de casa com a arma, a menos que a profissão exija – como é o caso de agentes penitenciários, policiais, integrantes das Forças Armadas, promotores, juízes, guardas municipais (excluindo-se agentes de cidades com menos de 50 mil habitantes), seguranças privados ou funcionários de transporte de carga de valores. No estatuto, havia ainda um artigo para acabar de vez com a comercialização de armas no país, o qual, para entrar em vigor, precisava receber o aval da população por meio de um referendo.

E o referendo aconteceu dois anos depois. Em outubro de 2005, os brasileiros foram às urnas para responder à pergunta: "O comércio de armas de fogo e munição deve ser proibido no Brasil?". Saiu dali a maior derrota, até então, do Instituto Sou da Paz e de outras organizações que lutavam por um maior controle de armas: quase 70% da população votou contra a proibição.

Pouco mais de 12 anos depois, a defesa de uma efetiva regulação de armas se deparou com uma ameaça real. Jair Bolsonaro assumiu a Presidência e cumpriu uma de suas promessas de campanha: flexibilizar a venda e o porte de armas no país. Logo nos primeiros dias de mandato, Bolsonaro assinou um decreto que mudava algumas regras do direito à posse. Na prática, pouco foi alterado – a especificação de "efetiva necessidade" e o tempo de validade da licença de posse, que aumentou de cinco para dez anos –, mas ele segue tentando.

A ala bolsonarista conquistou parte da população ao jogar com a principal mensagem das campanhas pelo desarmamento. Nas ruas, entrevistas e palanques, os correligionários de Bolsonaro bradavam pelo direito de se defender com as próprias mãos. Se o bandido andava armado, por que o "cidadão de bem" não poderia comprar um 38? A questão é que pode – sempre pôde. O desarmamento geral da população nunca aconteceu; quase todo brasileiro tem direito a comprar uma arma, desde que cumpra alguns critérios. A meu juízo, o ponto falho da campanha do instituto foi a mensagem: a palavra "desarmamento" nos leva a concluir o contrário do que é a realidade. E Bolsonaro soube se aproveitar dessa falha na comunicação para convencer a sua base. Daí para tentar flexibilizar também o porte – o direito de andar armado pelas ruas – foi um pulo.

Erro parecido cometeu o cientista James E. Hansen ao popularizar o termo "aquecimento global" durante um congresso sobre o clima, em 1988. A sociedade científica já observava o fenômeno e o classificava como "mudança climática" ou "modificação climática inadvertida". Os alertas pediam a redução da emissão de gases causadores do efeito estufa. A temperatura do planeta estava numa crescente preocupante por culpa da ação humana, e as geleiras derretiam mais do que o normal. Um dos efeitos seria o aumento do nível dos oceanos, com consequentes tragédias naturais (mais furacões, mais tornados). Dali em diante, o termo "aquecimento global" entrou no rol das principais preocupações da humanidade – e não sem razão, pois o risco de o planeta entrar em colapso ambiental nas próximas décadas é real.

Só tem um problema. Os efeitos do aquecimento não se expressam apenas na forma de calor infernal, mas em desequilíbrios meteorológicos, com episódios cada vez mais comuns de chuva, frio, seca e calor extremos. A alta na temperatura do planeta modifica o clima como um todo. Não à toa, no Brasil, as chuvas torrenciais de verão se mostraram mais

COMO DEFENDER SUA CAUSA

fortes e devastadoras nos últimos anos. Por sua vez, os Estados Unidos, entre dezembro de 2018 e janeiro de 2019, registraram baixíssimas temperaturas; foi o que bastou para o então presidente Donald Trump, que retirou o país do Acordo de Paris (um acordo que prevê a redução na emissão de gases poluentes), lançar uma provocação no Twitter, quando ainda tinha acesso à plataforma: "Se o mundo está ficando mais quente, por que, então, está fazendo tanto frio nos EUA?". Em outro momento, alfinetou sobre o termo: "Eles mudaram o nome de 'aquecimento global' para 'mudanças climáticas' depois que o termo aquecimento global deixou de funcionar (estava muito frio)!".

Esses dois exemplos servem para alertar que é preciso escolher cada palavra da sua mensagem com muito cuidado e clareza. A mensagem pode alavancar ou destruir a defesa de uma causa. Não se trata aqui de criar um simples slogan. É preciso, antes de qualquer coisa, entender qual é o melhor conceito para difundir e popularizar a causa. Veja, o termo "desarmamento" proporcionou à bancada da bala e seus aliados que fizessem um mau uso proposital da mensagem para questionar o Estatuto do Desarmamento e propor leis mais flexíveis para o porte.

Definir a mensagem central é escolher o conceito principal, que vai comunicar em poucas palavras a ideia como um todo. A mensagem deve ser, portanto, o mais concisa e correta possível. Estrategistas políticos sabem usar muito bem essa técnica. Em 2008, Barack Obama frisou a esperança na escolha de sua mensagem de campanha. Era possível mudar, transformar o país com a eleição do primeiro homem negro ao cargo mais alto dos Estados Unidos. Todo o seu discurso se baseou nessa ideia, sintetizada nos slogans: "Podemos acreditar na mudança" ou "Sim, nós podemos". Aqui no Brasil, Lula se apoiou em ideia parecida na eleição de 2002, quando repetia que a esperança venceria o medo, enquanto o slogan "Lulinha paz e amor" amenizava o temor dos empresários em eleger um governo petista para a Presidência pela primeira vez. No entanto, essa expertise não custa barato. Profissionais da área de comunicação cobram caro para chegar a um conjunto de palavras ou uma frase curta que traduza tão bem a mensagem principal a ser transmitida. O que você pode tirar desses exemplos é o seguinte: concentre-se em passar uma única mensagem com a ideia principal. Não divulgue um monte de ideias, pois isso só atrapalha a comunicação com o público. Obama apostou na mudança. Lula, na esperança. Uma ideia só, nada de conceitos hipercomplexos.

Antes de seguir, é preciso deixar claro: slogan e mensagem são coisas diferentes. Um slogan, ainda que embasado na ideia principal, serve como ferramenta de publicidade. E deve sempre ser marcante a ponto de grudar na mente das pessoas. O slogan deriva da mensagem e, portanto, deve entregar o significado dela.

Contudo, um slogan criativo ou uma frase de efeito não basta para vender a causa e ganhar apoio. É por isso que uma mensagem tem muito mais elementos. Isso não quer dizer que você tenha de escrever um manifesto para enviar a cada decisor ou possível aliado. A mensagem precisa ser sintética e conter dados e estatísticas que comprovem a sua tese – por isso, o trabalho de pesquisa e delimitação do tema precisa ser bem-feito. Mensagens simples e diretas tendem a atrair mais a atenção do destinatário, seja ele qual for. Ninguém que não conheça o tema aguenta um discurso puramente técnico. As pessoas também não se atraem por uma crítica ou uma denúncia desalinhada de uma solução que traga otimismo e esperança. Além disso, a mensagem não é uma só. Deve haver uma diferente para cada público, que corresponda aos interesses dele e seja capaz de engajá-lo.

COMO DEFENDER SUA CAUSA

Boas mensagens

Imagine um sujeito criado em uma cidade pequena. Nunca precisou de carro. Para ir ao médico, bastava caminhar por 10 minutos até o consultório, bater na porta e conversar com o doutor. Tudo muito fácil e simples. Um dia, esse sujeito arrumou um emprego e se mudou para capital. Aí a vida se complicou. O médico mais próximo ficava a 15 quilômetros de distância. Para ir até lá, o rapaz tinha de pegar metrô e ônibus – não sem antes sacar dinheiro para comprar a passagem. No consultório, havia fila. Só depois de muito tempo ele era atendido. Para chegar em casa, mais 15 quilômetros – ou duas conduções. Ele passou a gastar mais tempo e dinheiro do que quando vivia no interior.

As dificuldades do moço do interior eram uma possível metáfora para convencer os candidatos à Presidência dos dramas vividos por pequenas e médias empresas. Quando elas saltavam de faixa tributária, quando avançavam, a vida se complicava. Apareciam novos encargos, novas burocracias, e, perdidas ou quebradas, essas empresas por vezes fechavam as portas. Não era uma mensagem sem fundamento; havia dados por trás dela. Mais de 50% das empresas de alto crescimento morrem ao se deparar com o novo cenário. Esse fato ensejou o que chamamos de "call to action", ou "chamada à ação", uma proposta para o público-alvo reverter o problema. A Endeavor e nós da CAUSE nos perguntamos: "E onde entra o governo? Não deveria ser aí que o governo precisaria apoiar e facilitar o crescimento, medindo a dose de exigências para que a empresa consiga cuidar de sua saúde, sem colapsar?".

Discutimos muito internamente e concluímos que a história estava complicada demais. Então, pensamos em outra saída: a metáfora da adolescência, com todos os dramas e as dores do crescimento, daquela fase em que você quer a independência mas ainda não tem maturidade para a vida

140

adulta. Era uma forma de gritar aos governantes: "Prestem atenção, as empresas brasileiras querem crescer e não conseguem! Isso não é bom para o Brasil, trava a criação de empregos. Mas você, governo, pode ajudá-las adotando medidas públicas de estímulo!". E essa se tornou a mensagem principal: as empresas não poderiam mais ter medo de crescer. A ideia colou, e o projeto de lei se popularizou no Congresso e na mídia como a "Lei Crescer sem Medo" – não há melhor mensagem do que aquela que se funde ao "nome" de uma nova legislação.

Três pilares sustentavam a nossa mensagem. O primeiro era a ideia de que empreendedores geram novos negócios e empregos, inspiram a inovação, questionam a realidade e fazem acontecer; assim, um país com mais empreendedores conscientes de seu papel na sociedade tem grandes chances de criar oportunidades de renda e melhoria da qualidade de vida para uma grande parcela de sua população. O segundo eram os dados que comprovam a primeira informação: de 2008 a 2011, as pequenas e médias empresas de alto crescimento (1,5% do total de empregadoras no Brasil) foram responsáveis por, aproximadamente, 50% do total de postos de trabalho gerados, ou 2,8 milhões de novos empregos. E o terceiro eram as vantagens de reduzir as burocracias e os altos custos para esses empresários: a simplificação poderia gerar cerca de 5 milhões de novos empregos, ou 95 bilhões de reais na forma de salários (entre diretos e indiretos), e, por conseguinte, o fortalecimento das empresas nacionais, com grande alavancagem da exportação de produtos brasileiros e ganhos de produtividade.

Para cada público você precisa escrever uma mensagem específica, sempre com uma chamada à ação. A Fundação Tide Setubal, por exemplo, chamou a comunidade

COMO DEFENDER SUA CAUSA

das periferias a interferir nos processos políticos, já que aumentar a participação popular na política era um de seus objetivos: "Vivemos em uma das cidades mais desiguais do mundo, e uma das principais causas desse problema é a má distribuição dos recursos públicos entre o centro e a periferia. Além de distribuir mal os recursos, o poder público divulga mal os investimentos realizados em cada região da cidade. Você é a peça principal para a transformação de sua localidade. Mobilize sua comunidade, exija seus direitos e lute por mais investimentos em seu bairro e por mais transparência na divulgação de dados públicos". A convocação era diferente quando dirigida aos tomadores de decisão.

A Lei da Ficha Limpa é outro bom exemplo de mensagem: ela não divagava sobre os artigos que precisariam ser alterados para impugnar candidatos condenados por corrupção; a mensagem era uma só, bem simples e clara: não podemos eleger políticos com a ficha suja. A principal lição que se tira dos exemplos de campanhas eleitorais e de ações bem-sucedidas de advocacy é esta: é preciso encontrar a ideia-chave e difundi-la exaustivamente. Uma única mensagem, com *calls to action* bem definidas. Repita-a à exaustão, de vários modos. Tenha em mente que você ou as pessoas da sua organização podem se cansar de trabalhar a mesma mensagem, o que é natural, mas a insistência é fundamental para o sucesso da estratégia, pois a audiência não será impactada sempre. A campanha de Obama nunca trocou a mensagem. Fazia peças diferentes, formatos diversos, porém nunca trocou a mensagem, que precisava evocar mudança e esperança. Na dúvida, repita a mensagem. Sempre. Sim, sempre. A mesma.

A voz da mensagem

Toda causa tem um rosto. Não eram apenas os discursos de Barack Obama que continham esperança: o próprio candidato democrata a personificava. Os seus discursos e a sua postura eram pensados para expressar esse sentimento. Só a palavra não basta; é preciso que o porta-voz transpareça e represente bem a causa.

Marlon Reis era a cara da Ficha Limpa. Juiz eleitoral respeitado, conhecia o tema como poucos e lidava bem com a imprensa. Ele se tornou porta-voz da causa porque agregava em si as características mais importantes para assumir o papel: era sênior no assunto, eloquente, representava uma das organizações e estava umbilicalmente ligado àquela ação de advocacy. Em geral, as organizações escolhem de um a três porta-vozes, não mais do que isso, cuja missão é transmitir exaustivamente a mensagem.

Já a Atlantic Philanthropies preferiu não destacar porta-vozes e adotou uma estratégia diferente: capacitou outras organizações para falar sobre o tema. Assim, treinou várias pessoas que estavam dispostas a liderar os esforços regionais pela causa. Ainda assim, todos repassavam a mesma mensagem: a pena de morte é cara, injusta e não está de acordo com os padrões éticos atuais.

Como fazer

Defina as palavras-chave que guiarão as suas ações e mensagens. A Fundação Tide Setubal tocou no ponto principal do tema: redução da desigualdade socioespacial. Em todos os materiais de comunicação ou entrevistas, os porta-vozes da causa bateram nessa tecla. Quando a imprensa foi convocada para atuar em parceria e divulgar as notícias – ou apoiar eventos –, lá estava a ideia de "reduzir desigualdades", de

COMO DEFENDER SUA CAUSA

variadas formas. Quando os moradores das periferias foram convocados para cobrar os atores políticos, a mesma coisa. Comece rabiscando alguns parágrafos sobre o tema. Qual é o tema, afinal? Em seguida, esboce a resposta para algumas perguntas importantes: por que o tomador de decisão (ou um avalizador, parceiro, ou pessoas afetadas pelo problema) deveria se preocupar com o tema? Qual seria a solução e como ela impactaria o problema? Qual ação você espera de determinada pessoa ou grupo, caso siga as suas orientações?

Aqui é importante retomar um ponto anterior. Lembra a tarefa de fazer pesquisas aprofundadas sobre os tomadores de decisão, citada no capítulo 5? Você precisará dela neste momento. Ao saber o que move cada um deles, poderá direcionar a mensagem de acordo com essa informação. Use os interesses dos tomadores de decisão para despertar a atenção deles. Isso aumenta a sua chance de conseguir aliados na causa.

Ao elaborar as mensagens, tenha em mente que elas devem ser concisas, com foco muito bem definido e ênfase na solução do problema (solução esta sustentada em evidências), além de otimistas, esperançosas. E nada de tecnicismo! Escreva de forma clara e simples. Sim, você pode.

Com as mensagens prontas, defina o porta-voz da sua causa. Não é necessariamente você – ou o líder ou mentor da ideia. Também não é obrigatório colocar em frente às câmeras o maior financiador do projeto. O porta-voz precisa saber falar com a imprensa, ou com um grande público; precisa ter confiança e não tremer com um microfone nas mãos. Mas não pode ser alguém de fora ou novato no projeto. Escolha alguém mais experiente dentro da sua organização (ou entre os aliados), que tenha ótima oratória e conheça e acredite honestamente na ação de advocacy.

Seu plano está quase pronto. Falta apenas um detalhe: definir o que significa sucesso, o que passa por saber mensurar as vitórias. É o assunto do próximo capítulo.

Em resumo

- Na definição da mensagem central, é preciso escolher cada palavra com muito cuidado e clareza. Essa decisão pode alavancar ou destruir a defesa da causa. Não se trata, no entanto, de criar um simples slogan.
- Definir uma mensagem central significa escolher um conceito principal que comunique em poucas palavras a ideia como um todo. Ela deve ser o mais concisa e correta possível. Mensagens simples e diretas tendem a atrair a atenção do público.
- Concentre-se em passar uma única mensagem com a ideia principal. Não divulgue um monte de ideias, pois isso só atrapalha a comunicação com o público.
- Um slogan criativo não basta para vender uma causa e angariar apoio. É por isso que uma mensagem tem muito mais elementos do que uma simples frase de efeito.
- A lição principal é: encontre a ideia-chave e difunda-a exaustivamente. Uma única mensagem, com *calls to action* bem definidas. Repita a mensagem à exaustão, de vários modos.
- Toda causa tem um rosto (ou alguns rostos). Seja estratégico na escolha do porta-voz.

Perguntas orientadoras

- Qual é a ideia central a ser comunicada?
- Com quem você está querendo se comunicar? Quem é o seu público-alvo?

COMO DEFENDER SUA CAUSA

- O que você espera desse público? Qual é a ação esperada?
- O porta-voz escolhido tem senioridade, é articulado, tem conhecimento técnico/político sobre a causa e está alinhado com os objetivos de advocacy?

Para ir além

- www.mcce.org.br
- www.soudapaz.org

11
DEFINA O QUE É SUCESSO.
E MONITORE

A Atlantic Philanthropies descobriu um jeito fácil e barato de medir o sucesso de sua causa. Desde o início dos anos 2000, o instituto Gallup realiza pesquisas periódicas para monitorar o apoio de cidadãos norte-americanos à pena de morte. Quando sua jornada de advocacy pelo fim desse tipo de punição teve início, em 2006, a Atlantic Philanthropies tinha dados confiáveis em mãos. Sabia que, três anos antes, 67% dos norte-americanos apoiavam a pena de morte no país. Além disso, a organização sabia que podia contar com dados futuros, pois o Gallup seguiria com a pesquisa nos próximos anos. Assim, ano a ano, a população respondeu – e continua respondendo – às mesmas questões feitas pelo instituto. Sem gastar um só centavo, a organização avaliava a progressão de um dos seus objetivos – reduzir o apoio da população aos corredores da morte. E reduziu. Em 2020, 55% dos norte-americanos se disseram favoráveis à pena de morte, ou seja, ainda que não possa ligar diretamente suas campanhas a essa queda, a Atlantic Philantropies sabe que está no caminho certo, pois entre os norte-americanos o apoio à pena de morte tem caído consideravelmente.

COMO DEFENDER SUA CAUSA

Um plano de advocacy precisa estabelecer o que é sucesso para cada um dos objetivos. Caso contrário, como você vai saber se todo o seu empenho funcionou? Como vai avaliar uma possível mudança nos planos caso as coisas não tenham saído conforme o esperado? Se a Atlantic Philanthropies percebesse um aumento no apoio à pena de morte, o oposto do que pretendia, teria consciência da necessidade de mudar a estratégia nos próximos passos, ou então colocaria todo o plano a perder, já que, sem o apoio da população, os congressistas jamais mudariam a legislação de seus estados. Como o plano estava funcionando – o que só era possível saber com os dados obtidos nas pesquisas –, a organização manteve as estratégias. Não ter uma métrica é como jogar no escuro, sem a menor noção da efetividade das ações. E isso pode facilmente levar ao fracasso do plano final.

Lançar mão de uma pesquisa já existente para monitorar seus resultados representa uma economia considerável. Esta é uma dica valiosa: caso os seus objetivos envolvam pesquisas de opinião, busque bancos e ferramentas que já estejam disponíveis. Em alguns casos, bancos de dados mais completos (ou mundiais) cobram um valor pelo acesso a suas informações, mas isso costuma sair mais barato do que encomendar uma pesquisa. De qualquer forma, lembre-se de que não dá para seguir uma estratégia às cegas.

Em outras situações, como a aprovação de um projeto de lei, é fácil estabelecer um critério de sucesso: se a lei foi aprovada, sancionada e publicada no diário oficial, o objetivo foi concluído. Simples.

Mas ainda há outras situações, como a criação de redes. A Fundação Tide Setubal tinha entre os objetivos apoiar outras iniciativas e programas que trabalham pela redução das desigualdades sociais. Logo, precisava estabelecer uma quantidade de parcerias fechadas que representasse o sucesso desse objetivo específico. Outro objetivo era ainda mais difícil de ser mensurado: fomentar a cultura e a participação popular nas periferias. Como se avalia o sucesso de algo assim? Para isso, precisamos recorrer às metas preestabelecidas; no caso, a fundação definiu duas ferramentas: desenvolver uma tecnologia social para aumentar a participação e articular parcerias com as lideranças comunitárias para colocar em prática os programas. Veja como a coisa ficou fácil: o objetivo seria alcançado quando as parcerias estivessem fechadas e a ferramenta, pronta.

Entretanto, os indicadores de resultados por si sós não bastam nesta etapa final do planejamento. Há ainda as métricas de processos, cuja finalidade é identificar os pequenos progressos dentro de cada objetivo.

Último gás

A Fundação Tide Setubal estabeleceu quatro grandes objetivos. E precisou destrinchar os passos processuais para concluir cada um deles. Se queria fechar novas parcerias, precisava saber quantas organizações voltadas à desigualdade social existiam em atividade, e com quantas haveria possibilidade real de dialogar e estabelecer apoio – veja, só aqui são três etapas. Em seguida, teria de se reunir com essas organizações. Se a parceria fosse fechada, um ponto seria adicionado na conta da métrica do sucesso.

Em paralelo, a fundação também pretendia criar uma lei e estimular a participação popular, o que exigia uma série de etapas: redigir uma proposta de legislação, apresentá-la a um parlamentar, para ser discutida e aprovada na Câmara Municipal, receber a sanção do prefeito, e por aí vai. Para construir uma ferramenta de fomento à participação popular, era preciso muito mais: definir qual e como seria a fer-

COMO DEFENDER SUA CAUSA

ramenta, quem a produziria, onde seria implementada etc. Uma série de passos.

É fundamental traçar esses passos – imagine um jogo de tabuleiro em que você define estrategicamente quantas casas precisa avançar ou quais decisões precisa tomar para vencer. Só que, nos casos de advocacy, você atua simultaneamente em várias disputas, correspondentes aos vários objetivos e metas. Quanto mais organizado você estiver para cada uma dessas disputas, menores serão os riscos de perder (sem nem saber em que casa parou em algum dos jogos). Cada objetivo precisa ser quebrado em pelo menos quatro ou cinco passos – e você precisa saber aonde cada um desses passos deverá levar.

Há outra razão para destrinchar o caminho e criar indicadores de processo: eles dão ânimo! Uma ação de advocacy leva anos para ser concluída. E todo projeto grande pode, em algum momento, empacar ou cair em rendimento, o que gera desânimo. A lista de passos, com os respectivos indicadores, mostra que o projeto não se encontra estacionado, mas em movimento. Se achar válido, imprima essa lista e fixe na parede de casa, do escritório ou da sala de reuniões. Tique cada missão cumprida. Se tratar-se de uma lei e ela parecer distante de ser aprovada, ao menos você visualizará os processos e saberá que caminhou duas ou mais casas rumo ao sucesso.

Como fazer

Retorne aos objetivos e metas. Para cada um, terá de criar métricas de sucesso e de processos. Comecemos pelo primeiro passo: estabelecer o que é sucesso. Em campanhas de conscientização, você precisará se valer de pesquisas anteriores e posteriores ao início do seu trabalho. Em alguns casos, é suficiente se basear apenas em dados elaborados após o começo da campanha. Por exemplo, o movimento antitabagismo tinha em mãos os dados sobre o apoio dos cidadãos à proibição de cigarro em lugares fechados, enquanto o SampaPé e seus aliados souberam, após uma consulta popular elaborada pelo instituto Datafolha, que os paulistanos haviam se tornado aliados em defesa da abertura da Avenida Paulista aos pedestres – e não aos carros –, e foi a partir dessas informações posteriores que os movimentos definiram o que era sucesso. Para a Atlantic Philanthropies, o sucesso no primeiro objetivo significava *a maioria* da população norte-americana não concordar com a pena de morte – mas havia os outros objetivos, com indicadores diferentes.

Cada objetivo pede uma métrica distinta. Caso se trate de uma lei, a métrica de resultado só pode ser uma: a própria aprovação do projeto de lei. Caso se trate de acabar com uma legislação, o sucesso está na revogação da lei, ou do respectivo trecho ou parágrafo dela. Em situações menos óbvias, recorra às metas estabelecidas anteriormente. O passo a passo para atingir o seu objetivo certamente guarda uma resposta sobre o sucesso do projeto.

Pense, então, nas etapas da realização de cada objetivo. Imagine que você queira se casar. Antes de chegar o dia da festa, você precisa concluir uma série de atividades: escolher o local da festa, fechar a lista de convidados, comprar ou alugar a roupa, contratar bufê, DJ e um cerimonialista. Todas essas etapas podem ser colocadas em um cronograma, como um *checklist* a ser cumprido. E é só após concluir cada um desses itens que você chega ao objetivo final: a realização da festa de casamento.

Uma ação de advocacy também pede um desmembramento em etapas. Liste cada etapa, por exemplo, de um objetivo de conscientização. Você sabe que, para concluir

COMO DEFENDER SUA CAUSA

esse objetivo, terá de criar uma campanha de comunicação, ou seja, essa é a etapa final do objetivo, cujo sucesso será avaliado pelo medidor determinado anteriormente (a porcentagem de pessoas que mudaram de opinião ou dizem apoiar a causa). Até ter o vídeo pronto ou os panfletos impressos, é preciso passar por vários processos. O primeiro é fazer o briefing – sem ele, nenhuma agência será capaz de entender ao certo o que você quer. Em seguida, você precisa definir a agência que tocará a campanha. Depois disso, há outras etapas: fazer reuniões com os profissionais escolhidos; receber e aprovar o rascunho das peças; escolher a gráfica; imprimir os materiais. Só então conseguirá realizar a campanha.

Estabeleça esses passos e coloque-os à vista – como num grande cronograma. É uma questão de organização e estímulo. Cada objetivo pode ser quebrado em, pelo menos, quatro ou cinco etapas, com indicadores próprios. Desse modo fica fácil saber em qual etapa um processo travou, assim como ter a noção do que precisa ser feito e de quanto falta para a conclusão de cada objetivo.

Com os indicadores prontos, você também estará preparado para defender a sua causa de modo certeiro e efetivo. Parece um processo trabalhoso – e é –, mas, se você seguir à risca todos os passos e se planejar, causará muito mais impacto do que se simplesmente pegar o primeiro avião para Brasília e sair falando com um deputado ou uma deputada que talvez não tenha a menor influência sobre a sua causa.

Em resumo

- Num plano de advocacy, é preciso estabelecer o que é sucesso para cada um dos objetivos, a fim de saber se o empenho deu resultado ou avaliar possíveis mudanças de rota. Não ter uma métrica é como jogar no escuro, sem a menor noção da efetividade das ações, e pode levar ao fracasso do objetivo final.

- Lançar mão de uma pesquisa já existente para acompanhar seus resultados representa uma economia considerável. Caso os seus objetivos envolvam pesquisas de opinião, busque bancos de dados e ferramentas que já estejam disponíveis.
- Os indicadores de resultados por si sós não são o bastante: é preciso estabelecer as métricas de processos, cuja finalidade é identificar os pequenos progressos dentro de cada objetivo.
- Os indicadores de processo dão ânimo. Uma ação de advocacy leva anos para ser concluída e pode empacar em algum momento, ou sofrer uma queda de rendimento, gerando desânimo. É importante ter algo que mostre que o projeto não está estagnado.
- Retorne aos seus objetivos e metas e crie métricas de sucesso e de processos para cada um deles.

Perguntas orientadoras

- O que é sucesso para você ou sua organização quando se trata de uma estratégia de advocacy?
- Você já acompanha indicadores da sua organização? Quais? Quem os definiu?
- Qual é a diferença entre indicadores de resultado e indicadores de processo?
- Por que medir?

Para ir além

- FRANCISCHINI, Andresa S. N.; FRANCISCHINI, Paulino G. *Indicadores de desempenho*: dos objetivos à ação: método para elaborar KPIS e obter resultados. Rio de Janeiro: Alta Books, 2018.

ISSO É SÓ O COMEÇO

Não há caminho simples, nem curto, se você deseja causar mudanças significativas na sua cidade, estado ou país. Mudar o mundo demanda tempo e paciência. Conforme escrevemos na página final de cada estratégia que criamos na CAUSE: desenhar uma estratégia é só o começo. A boa notícia é que você acaba de dar o primeiro passo: este livro trouxe um punhado de estratégias consolidadas no Brasil e no exterior e experiências que aprendi e coloquei em prática na última década. Se você chegou até aqui, já tem uma caixa e tanto de ferramentas para esboçar um plano para impactar políticas públicas.

Só não se esqueça de começar pelo fundamental. Dê sempre atenção às suas dores e às suas paixões para definir a sua causa. Em uma jornada tão longa como é a do advocacy, só um tema que realmente o mova o fará superar o cansaço, os obstáculos e as dificuldades. ONGs conhecem bem as próprias causas e por vezes sabem atuar na arena política. Nem todo jovem idealista, no entanto, sabe ao certo qual luta comprar e acaba atirando para todos os lados – e aí há dois finais possíveis: um com zero eficiência e resultado, mas muito cansaço, e outro com resultados ínfimos e dispersos que, infelizmente, não logram mudanças estruturais.

COMO DEFENDER SUA CAUSA

Também não adianta ter paixão, entender e conhecer a causa, se não houver um plano muito bem traçado e organizado. E para isso você precisa definir bem os objetivos. Eles lhe permitem entender o seu papel dentro da causa e de que modo ela vai mudar ou manter uma lei. Uma ONG cheia de recursos pode sonhar mais alto e criar planos para atuar na esfera federal ou até mundial; você pode se juntar a uma dessas organizações se não tiver condições de começar do zero em uma causa. É preciso ter os pés no chão e ser honesto: até onde você é capaz de ajudar na luta em que deseja colaborar?

Entrar nesse jogo exige vontade e clareza. É um processo intenso de autoconhecimento, persistência e atuação política – e aí não há manual de estratégias para ajudar: cabe a cada um fazer as próprias descobertas. Mas também é um processo muito gratificante.

Espero ter contribuído com a sua causa!

REFERÊNCIAS

AMERICAN LUNG ASSOCIATION. *Lung Cancer Fact Sheet.* Disponível em: <https://www.lung.org/lung-health-diseases/lung-disease-lookup/lung-cancer/resource-library/lung-cancer-fact-sheet>.

ANISTIA INTERNACIONAL. *Death Penalty in 2020*: Facts and Figures. 21 abr. 2021. Disponível em: <https://www.amnesty.org/en/latest/news/2021/04/death-penalty-in-2020-facts-and-figures/>.

ATKINSON, Anthony. *Inequality*: what can be done? Harvard University Press, 2015.

BARROS, Luís Gustavo Delgado; LUCAS, Fabrício Martins Chaves. *Impacto econômico tributário da regulamentação da cannabis no Brasil*. Brasília, 2020. Disponível em: <https://xdocs.com.br/download/artigo-impacto-tributario-economico-regulamentaao-cannabis-luis-gustavo-delgado-barros-1-zo23e7yvwm8m?hash=ea11d06bc71cab3a2ad8f0343382f638>.

BITTENCOURT, Claudia. *Anvisa tira canabidiol, derivado da maconha, da lista de substâncias proibidas.* UNA SUS, 14 jan. 2015. Disponível em: <https://www.unasus.gov.br/noticia/anvisa-tira-canabidiol-derivado-da-maconha-da-lista-de-substancias-proibidas>.

BOBBIO, Norberto. *Dicionário de política*. Brasília: Editora UnB, 1992. v. 1-2.

BOBBIO, Norberto. *O futuro da democracia* – 13ª Edição. São Paulo: Paz e Terra, 2015.

BRASIL. *Lei Complementar nº 155/16, de 27 de outubro de 2016*. Altera a Lei Complementar nº 123, de 14 de dezembro de 2006, para reorganizar e simplificar a metodologia de apuração do imposto devido por optantes pelo Simples Nacional; altera as Leis nºs 9.613, de 3 de março de 1998, 12.512, de 14 de outubro de 2011, e 7.998, de 11 de janeiro de 1990; e revoga dispositivo da Lei nº 8.212, de 24 de julho de 1991. Brasília, 27 out. 2016.

BRASIL. *Lei nº 13.257/16, de 8 de março de 2016*. Dispõe sobre as políticas públicas para a primeira infância e altera a Lei nº 8.069, de 13 de julho de 1990 (Estatuto da Criança e do Adolescente), o Decreto-Lei nº 3.689, de 3 de outubro de 1941 (Código de Processo Penal), a Consolidação das Leis do Trabalho (CLT), aprovada pelo Decreto-Lei nº 5.452, de 1º de maio de 1943, a Lei nº 11.770, de 9 de setembro de 2008, e a Lei nº 12.662, de 5 de junho de 2012. Brasília, 8 mar. 2016.

BRASIL. *Lei nº 13.685/18, de 25 de junho de 2018*. Altera a Lei nº 12.732, de 22 de novembro de 2012, para estabelecer a notificação compulsória de agravos e eventos em saúde relacionados às neoplasias, e a Lei nº 12.662, de 5 de junho de 2012, para estabelecer a notificação compulsória de malformações congênitas. Brasília, 25 jun. 2018.

CASTRO, Daniela. *Advocacy*: como a sociedade pode influenciar os rumos do Brasil. São Paulo: SG-Amarante Editorial, 2016.

CAUSE. *Advocacy como instrumento de engajamento e mobilização.* São Paulo: CAUSE, 2017. Disponível em: <http://www.cause.net.br/wp/wp-content/uploads/2017/10/estudo-cause-advocacy.pdf>.

DEATH PENALTY INFORMATION CENTER. *Death Penalty Information Center (DPIC):* homepage. Disponível em: <https://deathpenaltyinfo.org/>.

DORAN, George T., There is a SMART way to write management's goals and objectives. *Management Review,* v. 70, 1981, pp. 35-36.

DUAILIBI, Julia; LEITE, Pedro Dias. Peso de impostos e taxas deve subir 76% no governo Marta Suplicy. *Folha de S.Paulo.* São Paulo, 06 jun. 2004. Poder. Disponível em: <https://www1.folha.uol.com.br/folha/brasil/ult96u61472.shtml>.

ENDEAVOR. *Estatísticas de empreendedorismo.* 2013. Disponível em: <https://endeavor.org.br/ambiente/estatisticas--de-empreendedorismo-2013/>.

ENDEAVOR. *Pesquisa Empreendedores Brasileiros.* 2013. Disponível em: <https://endeavor.org.br/ambiente/pesquisa-empreendedores-brasileiros/>.

ESTADOS UNIDOS DA AMÉRICA. Centers For Disease Control And Prevention. *National Program of Cancer Registries (NPCR).* Disponível em: <https://www.cdc.gov/cancer/npcr/index.htm>.

FARHAT, Said. *Lobby:* o que é e como se faz. São Paulo: Aberje, 2007.

FELDMANN, Derrick. *Social Movements for Good:* How Companies and Causes Create Viral Change. Hoboken: Wiley, 2016.

GALLUP NEWS. *Death Penalty.* Disponível em: <https://news.gallup.com/poll/1606/death-penalty.aspx>.

GOZETTO, Andrea; MORGADO, Renato. *Guia para a construção de estratégias de advocacy:* como influenciar políticas públicas. São Paulo: Imaflora, 2019.

GREENPEACE. *Defenda os Corais da Amazônia:* esse tesouro natural precisa estar livre da ameaça do petróleo. Disponível em: <www.greenpeace.org/brasil/participe/defenda-os-corais-da-amazonia/>.

HABERMAS, Jürgen. *Direito e Democracia:* entre facticidade e validade, volumes I e II. 2 ed. Tradução: Flávio Beno Siebeneichler. Rio de Janeiro: Tempo Brasileiro, 2003.

HABERMAS, Jürgen. *Consciência moral e agir comunicativo.* Rio de Janeiro: Tempo Brasileiro, 1989.

HECKMAN, James. *Heckman:* the economics of human potential. The economics of human potential. Disponível em: <https://heckmanequation.org/>.

INSTITUTO ARAPYAÚ; CAUSE; SHOOT THE SHIT. *O fluxo das causas:* os desafios da comunicação de causas sociais depois da revolução digital. São Paulo: [s. n.], 2016. Disponível em: <https://sinapse.gife.org.br/download/o-fluxo-das-causas-os-desafios-da-comunicacao-de-causas-sociais-depois-da-revolucao-digital>.

INSTITUTO ESCOLHAS. *Quanto é morar longe?* Disponível em: <http://quantoemorarlonge.escolhas.org/>.

KENNEDY, Bill; FISHER, Emily; BAILEY, Colin. Framing a Persuasive Message. *ClearingHouse Review, Journal of Poverty Law and Policy,* v. 43, n. 9-10, jan./fev. 2010. Disponível em: <https://www.law.berkeley.edu/files/thcsj/Framing_in_RaceConsciousAntipoverty_Advocacy.pd>.

MEIRELES, Taís. Nesse verão, dispense o canudinho. *WWF*, 21 dez 2017. Disponível em: <https://www.wwf.org.br/?62902/Nesse-verao-dispense-o-canudinho>.

NERI, Marcelo. *A escalada da desigualdade:* qual foi o impacto da crise sobre distribuição de renda e pobreza? Rio de Janeiro: FGV Social, 2019.

NÚCLEO CIÊNCIA PELA INFÂNCIA. *Núcleo Ciência Pela Infância (NCPI):* homepage. Disponível em: <https://ncpi.org.br/>.

ODILLA, Fernanda. 5 anos depois, o que aconteceu com as reivindicações dos protestos que pararam o Brasil em junho de 2013? *BBC News Brasil.* Londres, 9 jun. 2018. Disponível em: <https://www.bbc.com/portuguese/brasil-44353703>.

OMS. *Stop the Global Epidemic of Chronic Disease:* A Practical Guide to Successful Advocacy. Genebra: OMS, 2006. Disponível em: <https://www.who.int/chp/advocacy/en/>.

ORGANIZAÇÃO DAS NAÇÕES UNIDAS. *Arms Trade Treaty.* Disponível em: <https://www.un.org/disarmament/convarms/arms-trade-treaty-2/>.

OXFAM INTERNATIONAL. *World's billionaires have more wealth than 4.6 billion people.* 20 jan. 2020. Disponível em: <https://www.oxfam.org/en/press-releases/worlds-billionaires-have-more-wealth-46-billion-people>.

PATH. *Stronger Health Advocates Greater Health Impacts:* A Workbook for Policy Advocacy Strategy Development. Washington, DC: Path, 2014. Disponível em: <https://path.azureedge.net/media/documents/ER_app_brochure.pdf>.

PIKETTY, Thomas. *O capital no século XXI.* Rio de Janeiro: Intrínseca, 2014.

PORTES, Leonardo et al. Artigo "Tobacco Control Policies in Brazil: a 30-year assessment". Rio de Janeiro: *Revista Ciência e Saúde Coletiva* – Fiocruz, 2018.

RIGUAL, Christelle. *Small Arms Survey 2014*: Women and Guns. Disponível em: <www.smallarmssurvey.org/publications/by-type/yearbook/small-arms-survey-2014.html>.

SÃO PAULO (SP). *Lei nº 16.607/16, de 29 de dezembro de 2016*. Institui o Programa Ruas Abertas e altera a Lei nº 12.879, de 13 de julho de 1999, revoga a Lei nº 12.273, de 19 de dezembro de 1996, e dá outras providências. São Paulo, 29 dez. 2016.

SEBRAE. O que muda com o projeto Crescer sem Medo: a lei complementar nº 155/2016 trouxe mudanças positivas para MEI, micro e pequenas empresas. Confira o que altera com a nova legislação. 25 out. 2017. Disponível em: <https://www.sebrae.com.br/sites/PortalSebrae/artigos/o-que-muda-com-o-projeto-crescer-sem-medo,393f643ce145f510VgnVCM1000004c00210aRCRD>.

SELIGMAN, Milton; MELLO, Fernando. *Lobby desvendado*: democracia, políticas públicas e corrupção no Brasil contemporâneo. Rio de Janeiro: Record, 2018.

SELURB, Sindicato Nacional das Empresas de Limpeza Urbana. *ISLU – Índice de Sustentabilidade da Limpeza Urbana*, Edição 2019. Disponível em: <https://selur.org.br/wpcontent/uploads/2019/09/ISLU-2019-7.pdf>.

SHULTZ, Jim. The Art of Advocacy Strategy. *The Democracy Center*, 6 fev. 2017. Disponível em: <https://www.democracyctr.org/the-art-of-advocacy-strategy>.

SZABÓ, Ilona. *A defesa do espaço cívico*. Rio de Janeiro: Objetiva, 2020.

UNICEF. *Advocacy Toolkit*: A Guide To Influencing Decisions That Improve Children's Lives. Nova York: United Nations Children's Fund (Unicef), 2010.

YOUSAFZAI, Malala. *Eu sou Malala*: a história da garota que defendeu o direito à educação e foi baleada pelo Talibã. São Paulo: Companhia das Letras, 2013.

ZHERKA, Ilir. *Winning the Inside Game*: The Handbook of Advocacy Strategies. [*S. l.*]: KDP Print US, 2012.

AGRADECIMENTOS

Este primeiro livro que escrevo nasceu do desejo de compartilhar as experiências adquiridas ao longo de quase duas décadas de atuação profissional e cívica em torno da defesa de causas. Por isso mesmo, seria impossível nominar cada uma das incontáveis pessoas – familiares, amigos, professores, chefes e clientes – que me ajudaram durante essa jornada. Ainda assim, preciso expressar minha gratidão aos amigos e sócios Francine Lemos, Monica Gregori e Rodolfo Guttilla, que foram importantíssimos para a construção deste livro e sem os quais nada disso teria acontecido, além de todo o time atual e passado da CAUSE. Pessoas como Bruno Barbosa, Daniel Serra, Manoela Onofrio e Marcel Vieira foram alguns dos que nos ajudaram a forjar o conceito de advocacy e participaram ativamente de alguns dos casos aqui relatados.

Do mesmo modo, queria agradecer pela diligência e pelo entusiasmo da Carol Castro, cuja pesquisa dedicada e texto leve foram fundamentais para formatar esta obra. Assim como aos queridos Rodolfo, pelas leituras e pela revisão crítica, e Ilona Szabó, pelos conselhos e dicas certeiras.

Minha gratidão a Lucia Riff e Eugenia Ribas Vieira, que entusiasmadamente acreditaram no projeto do livro e me guiaram pelos caminhos editoriais. Não poderia deixar de fora os queridos Ricardo Lelis e Luiza Del Monaco, que me receberam de braços e corações abertos na Editora Nacional.

Por fim, minha gratidão e amor a meus pais, irmãs, avós, tias e tios, que sempre me apoiaram e me fizeram crescer como pessoa. E um reconhecimento especial, pela paciência, amor e parceria, ao meu marido e companheiro de jornada, Gil Porto.